人文武术精品书系

勿使前辈之遗珍失于我手
勿使国术之精神止于我身

杨澄甫

太极拳使用法

武学名家典籍丛书

杨澄甫武学辑注

杨澄甫·著

邵奇青·校注

太極拳使用法

杨澄甫（1883年7月11日－1936年3月3日），生于北京，与其祖父杨露禅、伯父杨班侯、父亲杨健侯均为太极名家。

他自幼随父亲杨健侯研习家传太极拳。先后在武汉、南京、上海、杭州、广州等地教拳。1928年，他应张之江邀请到南京中央国术馆任职。为适应社会发展，杨澄甫将原杨式太极拳的十五个套路简化定型为五个套路，并一生以授拳为业，可谓桃李满天下。现在社会上演练杨式太极拳的大多都是他一脉相传。国家体委武术科于1957年组织专家编排的『八十八式太极拳』，基本上就是杨澄甫先生所简化定型的八十五式太极拳的虚腿拳架。

北京科学技术出版社

感谢金仁霖先生收藏并提供版本

出版人语

武术作为中华民族文化的重要载体，集合了传统文化中哲学、天文、地理、兵法、中医、经络、心理等学科精髓，它对人与自然和谐共生关系的独到阐释，它的技击方法和养生理念，在中华浩如烟海的文化典籍中独放异彩。

随着学术界对中华武学的日益重视，北京科学技术出版社应国内外研究者对武学典籍的迫切需求，于 2015 年决策组建了“人文·武术图书事业部”，而该部成立伊始的主要任务之一，就是编纂出版“武学名家典籍”系列丛书。

入选本套丛书的作者，基本界定为民国以降的武术技击家、武术理论家及武术活动家，而之所以会有这个界定，是因为民国时期的武术，在中国武术的发展史上占据着重要的位置。在这个时期，中、西文化日渐交流与融合，传统武术从形式到内容，从理论到实践，都发生了巨大的变化，这种变化，深刻干预了近现代中国武术的走向。

这一时期，在各自领域“独成一家”的许多武术人，之所以被称为 “名人”， 是因为他们的武学思想及实践，对当时及现世武术的影响深远，甚至成为近一百年来武学研究者辨识方向的坐标。这些人的“名”，名在有武术的真才实学，名在对后世武术传承永不磨灭的贡献。他们的各种武学著作堪称为“名著”，是中华传统武学文化极其珍贵的经典史料，具有很高的文物价值、史料价值和学术价值。

首批推出的“武学名家典籍”丛书第一辑，将以当世最有影响力的太极拳为主要内容，收入了著名杨式太极拳家杨澄甫先生的《太极拳使用法》《太极拳体用全书》；一代武学大家孙禄堂先生的《形意拳学》《八卦拳学》《太极拳学》《八卦剑学》《拳意述真》；武学教育家陈微明先生的《太极拳术》《太极剑》《太极答问》。民国时期的太极拳著作，在整个太极拳发展史上占有举足轻重的地位。当时的太极拳著作，正处在从传统的手抄本形式向现代著作出版形式完成过渡的时期；同时也是传统太极拳向现代太极拳过渡的关键时期。这一历史时期的太极拳著作，不仅忠实地记载了太极拳架的衍变和最终定型，而且还构建了较为完备的太极拳技术和理论体系，而孙禄堂先生的武学著作及体现的武学理念，特别是他首先提出的“拳与道合”思想，更是使中国武学产生了质的升华。

这些名著及其作者，在当时那个年代已具有广泛的影响力，而时隔近百年之后，它们对于现阶段的拳学研究依然具有指导作用，依然被太极拳研究者、爱好者奉为宗师，奉为经典。对其多方位、多层面地系统研究，是我们今天深入认识传统武学价值，更好地继承、发展、弘扬民族文化的一项重要内容。

本丛书由国内外著名专家或原书作者的后人以规范的要求对原文进行点校、注释和导读，梳理过程中尊重大师原作，力求经得起广大读者的推敲和时间的考验，再现经典。

“武学名家典籍”丛书，将是一个展现名家、研究名家的平台，我们希望，随着本丛书第一辑、第二辑、第三辑……的陆续出版，中国近现代武术的整体风貌，会逐渐展现在每一位读者的面前；我们更希望，每一位读者，把您心仪的武术家推荐给我们，把您知道的武学典籍介绍给我们，把您研读诠释这些武术家及其武学典籍的心得体会告诉我们。我们相信，“武学名家典籍”丛书这个平台，在广大武学爱好者、研究者和我们这些出版人的共同努力下，会越办越好。

导读

一

道光二十二年（1842年），时任刑部四川司员外郎的同乡武汝清引荐杨禄禅到北京教拳，太极拳由此开始从山村走进了城市，并逐渐向全国辐射。1912年，杨澄甫先生开始在北京中山公园设立拳场，公开传授杨式太极拳、剑、刀、枪的架式。1928年，杨澄甫先生应南京中央国术馆馆长张之江先生之聘请到达南京；1929年，来到上海教授杨式太极拳。从杨澄甫先生南下开始，杨式太极拳形成了以上海、北京为中心并向周边以至全国范围辐射的态势。据不完全统计，民国时期，先后在上海成立的武术组织，除精武体育会、中华武术会之外的太极拳社有三十多家，有人形容道：“十里洋场亦是十里武场。”

随着太极拳的广泛传播和社会各阶层需求的增加，有关太极拳经典理论、太极哲理、太极源流、习练套路和科学研究的各类著述也应运而生，当时的出版机制也在一定程度上适应并满足了社会需求。

1927年至1937年，是我国近代史的“黄金十年”。著名史学家周谷城先生曾说：“一段时间里，中国几乎变成了世界学术的缩影，各种主义、党派、学派、宗教纷纷传入，形形色色，应有尽有……在学术思想界、文化教育界，产生了许多前所未有的代表人物和代表著作，呈现出空前繁荣的景象。”这为太极拳的广泛传播创造了良好的外部环境。

这个时期出版的武学著作大致可以分为两类：一类是综合性的武术著作，一类是太极拳专著。据统计，民国时期共出版太极拳专著56种，有些著作“旬月而罄，再版后仍不足供需求”（许禹生《太极拳势图解·李剑华跋》，体育研究社1921年版）。例如，姜容樵和姚馥春两位先生的《太极拳讲义》、马永胜先生的《新太极拳书》、余化行先生的《太极拳全书》、吴志青先生的《六路短拳图说》、李寿篯先生的《武当嫡派太极拳术》、徐致一先生的《太极拳浅说》、褚民谊先生的《太极操》、黄元秀先生的《太极要义》等都有再版。尤其是许禹生先生的《太极拳势图解》，于1921年12月初版后，分别在1925年、1929年、1931年、1934年多次重印。孙禄堂的《太极拳学》在1919年出版后也重印了四次。值得一提的是，许多政府首脑、行政官员、著名学者、文化精英、武术名宿等，都为这些太极拳著作留下了题词。

太极拳专著出版在上海最为集中，当时有名的太极拳家几乎都在上海开设武馆教授太极拳，因此习练者众多。中华书局、商务印书馆、大东书局等著名出版单位都出版过太极拳著作。另外，北京、苏州、南京、济南、长沙、开封、西安、昆明和重庆10个城市也出版过太极拳著作。

民国时期印刷出版业的发达，带来了太极拳著作大量面世的首个繁荣期，太极拳的经典理论得到广泛传播，不仅增进了民众对太极拳的了解，也对太极拳以后的发展产生了不可低估的影响。同时，这些前人的专著，在今天也成为习拳爱好者竞相收藏的经典。

二

《太极拳使用法》系杨澄甫口述，弟子董英杰编辑助记，民国二十一年（1931 年）由文光印务馆印制、神州国光社发行。书中主要内容为“演练法”“使用法”“四正四隅推手法”“太极枪”，以及太极拳谱、杨家秘谱和先师轶事。

书中“演练法”图片为杨澄甫先生的拳照，“四正推手”和“太极枪”图片是田兆麟和董英杰两先生的拳照，“太极枪”图片是《太极拳使用法》中的一个亮点，“使用法”拳照中与杨澄甫先生对手的是张庆霖先生（一说是杨守中）。《太极拳使用法》面世不久，据说是因“文字俚俗”的原因，杨澄甫即令把书铺中未售出之书收回并焚毁，因此该原版书流传不广。

《太极拳使用法》出版五年后，唐豪先生在《王宗岳太极拳经·阴符枪谱》（上海武术学会 1936 年 5 月版）中，叙述了毁书的原因：“杨澄甫《太极拳使用法》出版后，交神州国光社发行。因为内容太质而不文，例如：书中（147 页）‘有说一力强十会’之下注‘有礼’两字；（148 页）‘我说一巧破千斤’之下注‘不错’两字。这都是江湖套话，号称能文章的杨氏弟子，看见了觉得面子上有些那个，反对将该书出售。所以不久即行收回，现已不易购得。”

关于成书前稿件的汇编过程，叶大密先生的弟子金仁霖老师在《我所知道的〈太极拳使用法〉和〈太极拳体用全书〉的编写经过》一文，以及所藏的《太极拳使用法》中的批语上均有记述：“一九二九年，杨澄甫老师带了眷属和学生董英杰老师从南京来到上海……一天，杨澄甫老师拿了《太极拳使用法》里的拳架、推手、大擸、使用法、对杆等照片和部分初稿，以及家传《老谱》（即三十二目，实有四十目）等资料……交给社长叶大密老师，要叶老师为他整理订正好《使用法》草稿、图照等，准备出版。”当时因叶大密老师教务太繁，无暇动笔而耽搁了一段时间。“同年不久，杨澄甫老师又受聘于杭州国术馆任教务长……叶老师就推荐当时正担任爱国女中校长的社员季融五老先生和杨澄甫老师同去杭州，一边聆教，一边详加修改……可惜杨澄甫老师出版之心甚急，未蒙采纳，匆匆将照片、原稿等资料，交董英杰老师整理一遍后，送文光印务馆排印出版。一九三一年一月，由神州国光社出售。书中文言、白话、俚语、俗语混杂，很不协调，图解说明错漏又多。”因此，杨澄甫先生收回《太极拳使用法》并焚毁之亦是必然。

笔者认为，杨澄甫先生焚毁《太极拳使用法》的原因并非如此简单。自 1919 年，太极拳发展史上第一部公开出版的著作《太极拳学》（孙禄堂编著，上海中华书局印制）面世，至《太极拳使用法》出版前的十年间，先后有许禹生、陈微明、徐致一、吴图南、吴鉴泉、姜容樵、姚馥春、金倜生等太极拳名家的十余种太极拳专著相继面世，作为当时在太极拳界具有举足轻重之分量的杨澄甫，当然难以淡定。因此，在 1928 年时拍摄了第二套拳照，备妥了初稿等资料，匆忙交付印制，并于 1931 年正式出版。书中首次向社会公开了杨家藏秘传之拳经拳谱《老谱三十二目》中的十五篇和《大小太极解》《太极用法秘诀》《审敌法》《单人用功法》《散手对敌图》，以及董英杰先生披露杨家的实战轶闻等资料。当初公开这些珍贵的杨家武学文献，是杨澄甫先生授意还是董英杰先生自作主张已无从查考，但这些却是《太极拳使用法》一书的真正价值所在，也是研习杨家太极拳的重要参考资料。

不过，《太极拳使用法》无论在文字编辑、内容编排，还是版式处理，都难以和他人的拳著比肩。更重要的是，上述这些珍贵资料，毕竟是杨家从不轻易示众的镇宅之宝。鉴于这两个原因，杨澄甫先生断然即令焚书之举亦无可非议。以《太极拳使用法》的内容为底稿，由郑曼青整理编辑的《太极拳体用全书》(《太极拳体用全书》，原书名为《太极拳体用全书第一集》，因日后并未出版续集，故太极拳界习惯称其为《太极拳体用全书》，本文沿用此种说法。)的内容中，已抽去了上述文献资料。郑曼青先生在《郑子太极拳十三篇》的“自序”中，道出了其中原委：“杨师澄甫以家传绝业，未肯轻易教授，正恐传非其人，故仅述体用之梗概，以传乎世耳。”由此可见，“正恐传非其人”才是焚毁《太极拳使用法》的重要原因。

在《太极拳使用法》未售余书被焚毁的五年以后，《三十二目》便陆续面世：1936 年，吴公藻先生在出版的《太极拳讲义》(上海鉴泉太极拳研究社)中全本披露了影印件，抄本题名为《太极法说》；1948 年，董英杰先生在《太极拳释义》(中华书局版)中登载了 24 篇；1964 年，顾留馨先生在其编著的《太极拳研究》(人民体育出版社)中登载了 14 篇；1991 年，沈寿先生在其点校的《太极拳谱》(人民体育出版社)中全部登载；1993 年，杨振基先生在《杨澄甫式太极拳》（广西民族出版社）中全本登载了祖传影印件；2010年，梅墨生、李树峻两先生在编著的《李经梧太极内功及所藏秘谱》（当代中国出版社）中全本登载了赵铁庵所传、梅墨生抄本的影印件，抄本题名为《太极拳秘宗》。

以《太极拳使用法》的内容为底稿，由郑曼青先生整理编辑的《体用全书》的“例言”部分，一改《太极拳使用法》“凡例”中“无论男女老幼皆相宜。小儿六岁以上，老者六十岁以外，皆能习学”的习练之对象，而为“世之有愿卫身养性，却病延年者，无论骚人墨客，羸弱病夫，以至老幼闺人，皆可学习”。郑曼青先生在“序”中说道：“世之欲摄生养性者，手各一编，了如指掌。”由此可见，《太极拳体用全书》在内容中，剔除了《太极拳使用法》中杨家老拳谱《三十二目》中的相关内容和《大小太极解》《太极用法秘诀》《审敌法》《单人用功法》等珍贵的实战文献，以及多篇实战“轶闻”，而成为一本以大众习练者为对象、以“养生为本，技击为末”为宗旨、以“文练”为主导的太极拳教材。

叶大密先生在1967年6月25日写的《谈谈我的推手体会》中，谈到“靠壁运气”的方法：“此法是先师河北永年杨澄甫老先生在沪时来我家亲自传授，师娘不知道，在他家是不会传我的，故我异常感激，特志此以为纪念。”从叶大密先生的这段话中，可以了解杨澄甫先生在客观因素上，或会受到家眷的约束，某些招数或特殊训练方法的拳秘是不轻易外传的，这不仅仅是拳门之密，在当时靠手艺为生的三百六十行中皆如此，所谓“教会徒弟，饿死师父”“传子不传女”，等，在过去是很普遍的现象，也是一种根深蒂固的闭锁看家本领的习俗。在杨禄禅先生普及太极拳之前，太极拳是鲜为人知的封闭式教授。杨禄禅先生三赴陈家沟，历时十余年，才学得陈长兴先生绝密之拳技功夫，杨家之后均以专业授拳为生，除了如牛镜轩、田兆麟等极个别弟子，少有人能够得到杨家和盘托出之惠。由此可见，“正恐传非其人”亦是当时收回并焚毁《太极拳使用法》，变以“卫身养性，却病延年”为宗旨的《太极拳体用全书》的重要原因。

楊澄甫先生著

太極拳使用法

黃居素署

武當嫡派

五五年一月二十三日得之於
昭通路舊書攤

国粹体育

此書原稿大都出自素傳抄本，廿九年楊澄甫先生由南京來滬時，曾將此稿交葉師大密刪訂付梓。旦時因師教務太繁，無暇畢業。旋楊澄甫先生又受聘赴杭，掌教於國術館。師遂推薦社中老同志李融五同去聆教，以便詳加修改，冀其留傳於世，不得不鄭重也。增楊先生出版之心甚急，未叢採紬，遂將原稿請董英傑整理出版，由神州國光社發行。草率將事，錯誤百出，故不久即將原版毀去，存書收回云。

五五年三月二十六日晚又記

養就精氣神
練成玲瓏體

楊健侯先師遺像

著者楊澄甫

田兆麟

武滙川

王旭東

董英傑

李得芳

閻仲魁

姜廷選

楊振銘

李椿年

褚桂亭

郭蔭棠

徐岱山

楊開儒

張慶麟

張三峯先師傳拳譜

三峯師傳山右王宗岳

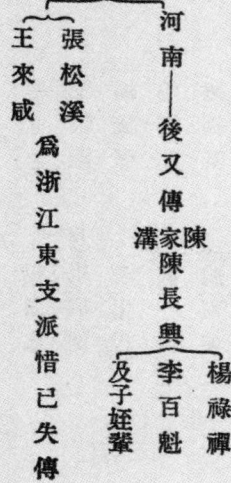

河南——後又傳陳家溝陳長興

楊祿禪

李百魁

及子姪輩

張松溪

王來咸

爲浙江東支派惜已失傳

祿禪師傳

鳳侯傳子……兆林字振遠

班侯傳……外姓數人

健侯傳子……兆清字澄甫

傳……外姓數人

澄甫老師傳

楊兆鵬　李春年　陳光愷　朱紉芝

武振海字滙川　陳微明　張慶麟　郭陰棠

田兆麟　楊鳳岐　王保還　師孫吳萬琳

董英傑　張欽霖　彤玉臣　師孫孫件英

王旭東　鄭佐平　劉盡臣　李萬程

閻月川　王其和　匡克明　張種交

牛鏡軒　崔立志　楊鴻志

田作林　王鏡清　師孫楊開儒

徐岱山　楊振聲　于化行

褚桂亭　楊振銘　女士濮玉興弟二人

劉論山　楊振基　女士滕南璇

李得芳　姜延還　奚誠甫

田光麟傳

葉大密　楊開儒　何士鑣
張景淇　錢西樵　周學淵
陳一虎　陳志遠　周學芬
施承志　張　强　張寶鳳
陳志進　何瑞明　崇壽永
鄭佐平　沈爾喬

董英傑傳

劉同祿　郝　奇
連忠恕　宗之鴻
張　忻　宗毛三
陳　寧　孫僧齡
顏福廷

太極圖

太極圖之義陰陽相生剛柔相濟千變萬化太極拳即由此而出也推手即太極之圖形

太極拳原序

太極拳傳自張眞人，眞人，遼東懿州人，道號三峯，生宋末，身高七尺，鶴骨松姿，面如古月，慈眉善目，修髯如戟，頂作一髻寒暑唯一箬笠，手持拂塵，日行千里，洪武初，至蜀太和山修煉結庵玉虛宮，經書一覽成誦，洪武二十七年．又入湖北武當山，與鄉人論經書談説不倦，一日在屋誦經，有喜雀在院，其鳴如諍論，眞人由窗視之，雀在柏樹，如鷹下觀，地上有一長蛇蟠結，仰視，二物相爭，雀鳴聲飛下展翅扇打，長蛇搖首微閃，躲過雀翅，雀自下隨飛樹上，少時性燥，又飛下翅打，長蛇又蜿蜒輕身閃過，仍作盤形，如是多次並未打着，後眞人出，雀飛蛇走，眞人由此而悟，蟠如太極，以柔克剛之理，由按太極變化而粗成太極拳，養精氣神，動靜消長，通於易理，故傳之久遠，而功效愈著，北京白雲觀現存有眞人遺像可供瞻仰云。

楊儒禪先師軼事

初師在京師聲聞遐邇，俠來訪者踵接，一日靜坐間，忽有僧來，師自迎出階，見僧貌偉壯，身高六尺許，拱揖道慕意，師亟遜答，僧鶻起出拳直撲師，師略含胸，以右掌抵拳項拍之，僧如受電擊，跌出屛後猶作拳擊狀，久之乃斂容稱謝曰，僧鹵莽，師仍邀與談，審其名爲淸德僧，固少林健壯者也，僧縷縷問，頃出不意猶不得逞何也，師曰，是謂刻刻留心也，曰頃出何其疾也，曰，是謂發勁如放箭也，曰僧雲遊幾省，未有如師者，堅叩太極輕靈之奧，師不答，見有飛燕入簾，低繞近身，即起手速抄之，顧謂僧曰，此鳥馴就人，聊與爲戲何如，輒承以右掌而左手撫之，旋縱使去，燕振翼擬起，師微將掌忽隱忽現，燕不能飛去，蓋無論何種雀鳥，必先足蹬勁才能飛，燕足無着力處，遞撲伏，則又撫之使去，復不得起，如是者三，僧大訝曰技何神也，師笑曰，奚足言神，太極行功稍久，通體輕靈一羽不能加，蠅蟲不落，能畧如是狀耳，僧拜服，留談三日乃去。

序

余幼讀書時，性好武，余祖有老友劉瀛州少林壯者，北方名素著，余求學，劉師曰我年近七十，無能爲也，如願學，有廣平楊姓得武當秘傳，惜我年老知之晚矣，僅知皮毛，與介紹楊傳，拜師求學焉，研究十有五年，惜余最魯，略知大概，諸師兄師弟皆出我上，余今從師歷方從學，遊歷保定，北平，天津，上海，南京，蘇杭，江西，山東，曾見廣東，雲南，陝西，山西，河南，安徽，湖北，湖南，各省武術大家，各處山川古蹟，觀之不已，各省內外武術大家，令人學之不盡，勸同志苦心研究無懈志也，今余始知武術深有奧妙，正在從學研究中，今國家提倡武術，幸吾師又作是書，任縣董英傑喜而爲之序。

勸諸同志莫懈心　日月穿梭貴如金

朝夕時時要習練　功夫無息得玄眞

序

技術者，爲我國國粹之至寶也，惜多年不振，幾于失傳，幸今國家提倡武術爲必要，余踴躍爲之序，今楊師南來，與同志互相研究，發展普及起見，余雀躍之至，因余爲國民一份子，亦要加入提倡，惜才學最淺，總不免熱心耳，拳有外壯，內壯，余偏愛於內家太極，奧妙筆亦難言，尊師常談，輕則靈，靈則動，動則變，變則化，余苦功從學研究二十有年，不能得百分之一，雖然，余常懷有志竟成，每日在研究中也，田兆麟謹序。

凡例

一本書專就已經練習太極拳而尙未明實用者特按名式說明並附圖以表出之
一本書下列太極拳應用交手圖式甲乙二人演練時宜就各圖姿勢循序彷行
一本書逐段標明按各式銜接動作以至二人發手之際均用白話表明學者可詳細參閱自有路徑可尋
一甲乙二人合手演習時可輕行緩進實地研習自有得法之處不可躁進率爾逞强以致發生危險彼此反生惡感
一本書均就單行法解釋之遇有手術相同者從畧
一本書附圖應用動作各式方向均以上下前後左右兩側表示之不拘定於東西南北以其臨時動作無有一定之方位故也
一本書各姿勢應用法式僅就一二手術編列說明之其臨時動作變化之妙在好學者深思遠造久練功純自能得其要領非空言所能及也

一本書編製各式均用白話挨次淺顯說明以便閱者一目了解

一本書編成其中字句難免有遺漏錯誤之處望閱者諒之

一此書是楊老師所述拳理同志閱書千萬不要以文字挑之祗應注重拳理如以文法挑之恐有誤自已學拳之門徑願同志諒之

太極拳本係武當內功拳，欲鍛練身體者可習太極拳，此係柔功，無論男女老幼皆相宜，小兒六歲以上，老者六十歲以外，皆能習學，身體虛弱者更可習學，數月之間漸覺强壯耳，十三勢初學期三個月學會，一年習熟，五年練好，日後愈練愈精，但非眞傳不可，太極拳不得眞傳不過身體畧壯耳，拳理十年終糊塗，焉能知精微奧妙知覺運用，若得眞傳如法練去，金剛羅漢體不難矣，不但體壯，自衛防身之能力厲焉，早晨練拳最相宜，飯後休息半時或一時方可運動，如體質弱者量力練之，不可過，練習一月之後飲食可加多，拳每早晚兩次或三次均可，如夏天練拳正燥，千萬不可用涼水洗手，恐其悶火，如冬天練完速穿衣服恐其受涼，練完不可即就坐，可行走五分鐘，使血脈調和，

如用功時須澄心息慮，心無所思，意無所感，專心練拳，太極對敵法甚妙，非不能用，蓋今

同志只練皮毛不再學，不能求高師訪明友，勿說太極不能用，亦勿怪授者不授耳，此本係內功與道相合，初學每日可學一兩式，不可粗率，初學略難，一月後拳式入門易學耳，每同志初學一兩月覺拳甚好，再學三四個月後自覺不如從前，心中煩燥，如有此景像千萬不可懈志，正是進步耳，如今拳未進步，不能自知拳式壞的，人人必由此地位經過，先此警告耳，

祿禪師原文

一舉動周身俱要輕靈，尤須貫串，氣宜鼓盪，神宜內歛，無使有缺陷處，無使有凸凹處，無使有斷續處，其根在脚，發于腿，主宰于腰，形于手指，由脚而腿而腰，總須完整一氣，向前退後，乃能得機得勢，有不得機得勢處，身便散亂，其病必於腰腿求之，上下前後左右皆然，凡此皆是意，不在外面，有上即有下，有前則有後，有左則有右，如意要向上，即寓下意，若將物掀起，而加以挫之力，斯其根自斷，乃壞之速，而無疑，虛實宜分清楚，一處有一處虛實，處處總此一虛實，周身節節貫串無令絲毫間斷耳，

長拳者如長江大海，滔滔不絕也，十三勢者掤攦擠按採挒肘靠此八卦也，進步退步左顧右盼中定此五行也，掤攦擠按即乾坤坎離四正方也，採挒肘靠，即巽震兌艮四斜角也，進退顧盼定即金木水火土也，

原注云，此係武當山張三峯老師遺論，欲天下豪傑延年益壽，不徒作技藝之末也，

一舉動周身俱要輕靈，尤須貫串

練拳時不用笲力，方能輕靈，十三式須一氣串成，

氣宜皷盪。神宜內歛。

氣不滯，則如海風吹浪，靜心凝神，斯爲內歛

無使有缺陷處。無使有凸凹處。無使有斷續處。

練拳宜求圓滿，不可參差不齊，宜緩慢而不使間斷，

其根在脚發於腿。主宰於腰。形於手指由脚而腿而腰。總須完整一氣。乃能得機得勢。

練法須上下相隨，勁自跟起，行於腿，達於腰由脊而膊、而行於手指，周身一氣，用時進

前退後，其勁乃不可限量矣，

有不得機得勢處。身便散亂。其病必於腰腿求之。上下前後左右皆然。凡此皆是意。不在外面。

病不在外而全在意，意不專則神不聚，即不能得機得勢矣，

有上即有下。有前即有後。有左即有右。如意要向上。即寓下意。若將物掀起而加以挫之力。斯其根自斷。

乃壞之速而無疑。

此言與人對敵搭手時，先將彼搖動猶樹無根立脚不定，則自然倒下矣，

虛實宜分清楚。一處有一處虛實。處處總此一虛實。

與人對敵，每式前虛後實，如放勁則前足坐實後足蹬直，總使虛實清楚，則變化自能如意矣，

周身節節貫串。無令絲毫間斷耳。

周身骨節順合氣須流通意無間斷

太極拳十三式

太極起式　攬雀尾　單鞭
提手上式　白鶴亮翅　摟膝拗步
手揮琵琶式　左右摟膝拗步三個　手揮琵琶式
進步搬攬錘　如封似閉　十字手
抱虎歸山　肘底看錘　左右倒輦猴
斜飛式　提手上式　白鶴亮翅
左摟膝拗步　海底針　山通臂
撇身錘　上步搬攬錘　攬雀尾
單鞭　左右抎手　單鞭
高探馬　左右分脚　轉身蹬脚
左右摟膝拗步　進步栽錘　翻身二起

左右披身伏虎式
回身蹬脚
雙風貫耳
左蹬脚
轉身右蹬脚
上步搬攬錘
如封似閉
十字手
抱虎歸山
斜單鞭
左右野馬分鬃
上步攬雀尾
單鞭
玉女穿梭
上步攬雀尾
單鞭
抎手
單鞭下勢
金鷄獨立
左右倒輦猴
斜飛式
提手上式
白鶴亮翅
摟膝拗步
海底針
山通臂
白蛇吐信
上步搬攬錘
進步攬雀尾
單鞭
抎手
單鞭
高探馬代穿掌
轉身十字腿
進步指膽錘
上勢攬雀尾
單鞭下式
上步七星錘
退步跨虎式

轉身雙擺蓮　彎弓射虎　上步搬攬錘

如封似閉　十字手　合太極

以上太極拳名稱三十七全套七十八個姿式完

身法

提起精神　虛靈頂勁　含胸拔背　鬆肩墜肘

氣沉丹田　手與肩平　胯與膝平　尻道上提

尾閭中正　內外相合

練法

不强用力　以心行氣　步如貓行　上下相隨

呼吸自然　一線串成　變換在腰　氣行四肢

分清虛實　圓轉如意

起勢預備式

太極拳起勢預備

「說明」此爲太極拳出勢預備動作之形勢站定時頭宜正直內含頂勁眼向前平視胸微內含脊背拔起不可前俯後仰兩肩下沉兩肘微坐兩手下垂指尖向前掌心向下腰胯稍鬆兩足距離與兩肩相齊在此時精神內固氣沉丹田一任自然不可造作守我之靜以待敵人之動然人每於此姿勢容易忽畧殊不知無論練法用法俱不得脫此望閱者學者首當於此注意焉

第一節　攬雀尾掤法

「說明」由太極拳出勢起設敵人對面用左手擊我胸部我將右足就原位稍往外轉動坐實隨起左足往前踏出一步屈膝坐實後腿伸直兩脚左實右虛同時將左手提起超至胸前手心向內肘尖畧垂即以我之腕貼在彼之肘腕中間用混勁往前往上掤去不可露呆板平直之像則彼之力既爲我移動彼之部位亦自不穩矣

攬雀尾掤法

第二節　攬雀尾攦法

「說明」由前勢設敵人用右手擊我右側肋部我即將右足向右前邁出屈膝踏實左腳變虛身亦同時向右拗轉眼隨往前看左右手同時圓轉往前出動右手在前手心側向裏左手在後手心側向下轉至右手心向下左手心向上時速將我右腕裏面貼彼肘上臂部外側左腕外面貼彼肘下臂部外側全身坐在左腿左腳變實右腳變虛往我胸前左側攦之則彼之身法即隨之傾斜矣

攦法

擠法

第三節　攬雀尾擠法

「說明」由前勢設敵人往回抽其臂我即屈右膝右腳變實左腿伸直左腳虛腰身長起隨之前進眼神亦隨往前畧往上看去同時速將右手心翻向上向裏左手心翻向下合於我之右腕上乘其抽臂之際往出擠之則敵必應手而跌矣

第四節　攬雀尾按法

「說明」由前勢設敵人乘勢來擠我即將兩腕畧往上用提勁手指向前手心向下沉肩墜肘坐腕含胸全身坐於左腿速用兩手閉其肘及腕部向前按去屈右膝右脚實伸左腿左脚虛腰亦同時往前進攻眼神隨往前畧往上看去則敵人即往後跌出矣

按法

單鞭

第五節　單鞭用法

「說明」由前勢設敵人從我身後來擊我將右手五指合攏下垂作弔手式以稱左手之勢右足就原地向左轉動左足提起往前偏左落下屈膝坐實右腿伸直右脚虛身由右往左進轉同時左手向裏由面前經過往左伸伸至手心朝外時向彼之胸部擊去則敵人必仰身而倒然鬆肩墜肘坐腕眼神隨往前看俱要同時合作自得之

第六節　提手上式用法

「說明」由前勢設敵人自右側來擊我即將身由左向右側回轉左足隨向右移轉右足提向前進步移至左足前腳跟着地腳掌虛懸全身坐在後左腿上胸含背拔腰鬆眼前視同時將兩手互相往裏提合兩手心側對右手在前左手在後兩手矩離約七八寸許提至兩腕與敵之肘腕相合時須含蓄其勢以待敵人之變動或即時將右手心反向上用左手掌合於我右腕上擠出亦可其身法步法各動作與前擠法畧同

提手

第七節　白鶴亮翅用法

「說明」由前勢設敵人從我身前用雙手來擊我速將右腳提起向左前方踏出腳跟着地稍往裏轉膝微屈坐實身隨右腳同時向正面轉左腳移至右腳前腳尖點地兩手隨右腳同時動作左手由右而左而上落至胸前手心向下右手隨落隨轉至腹前手心朝上左手毋急往下往左側展開彼之右腕右手同時往上往右側展開彼之左

白鶴亮翅

腕則彼之力即而分散不整矣

第八節　摟膝抝步用法

「說明」由前勢設敵人從我左側下方用手或足來擊我將身往下一沉實力暫寄於右腿左足提起向前踏出一步屈膝坐實右足變虛左手同時上提由內向下將敵人之手或足摟至左膝外右手亦同時隨下落隨往身後右側圓轉而上至耳旁掌心朝前沉肩墜肘坐腕腰前進眼神亦隨之前看向敵人之胸部伸出按去則敵人自跌

摟膝抝步

第九節　手揮琵琶式用法

「說明」由前勢設敵人用右手來擊或按我胸部含胸屈膝坐實左脚隨往後稍提脚跟着地脚掌虛懸右手同時往後合收緣彼腕下繞過即以我之腕黏貼彼之腕隨用手攏合其腕內部往右側下採捺之左手亦同時由左往

手揮琵琶式

前往上合收以我掌腕中黏貼彼之肘部往右分錯之或兩手心前後側相映如抱琵琶狀蓄我之勢以覩其變

第十節　摟膝拗步用法

（動作及用法與第八節畧同）

摟膝拗步

第十一節　右摟膝用法

「說明」由前勢設敵人以左手或左足自下方來擊我即將右足向前邁出一步屈膝坐實身隨右足扣轉前進左足不動變虛急將右手屈回由內將敵人左手或左足摟至右膝外左時同時往身後左側圓轉至耳旁掌心朝前向敵人胸部按去則敵人自倒肩腕及眼神與摟膝拗步同身手足俱要同時合作

右摟膝

第十二節 左摟膝拗步

左摟膝扚步

動作用法與右摟膝相同

第十三節 手揮琵琶式

手揮琵琶式
與第九節同

進步搬攔錘

第十四 進步搬攔捶用法

「說明」由前式設敵人用右手來擊我即將左足微往後左側移動腰隨往左拗轉右足隨往前右側提出變成拗步踏實腰亦隨往右轉兩手同時稍往左向右往裏圓轉屈回右手變拳向敵人腕上粘貼繞手心朝上將敵腕疊住或往右脅旁稍採左手隨腰轉動時由後左側回轉向上經過左耳旁向前往裏用肘腕中間將敵肘部裏曲用

粘合之勁往外撤住手心反向下指尖略垂向上亦可左足隨往前進一步屈膝坐實右拳隨即向敵胸部擊去右足變虛眼前看腰隨進攻則敵人自應手而顚躓矣如敵臂乘我撤時欲往上滑轉我速往上翻手腕攔之可也

第十五節　如封似閉用法

「說明」由前式設敵人以左手握我右拳我即將左手心緣我右肘外面向敵左手腕格去右拳伸開向懷內抽撤撤至兩手心朝裏如十字形同時含胸坐胯隨即分開變爲兩手心向外將敵肘腕封閉左手着其腕右手着其肘急用長勁按出眼前看腰進攻左腿仍屈膝坐實右腿伸直變虛則敵必往後仰仆矣

如封似閉

第十六節　十字手用法

「說明」設有敵人由右側自上打下我急往右轉身兩脚合步兩手由下往上合起作十字形手心朝裏將敵之臂部掤住如敵變雙手按來我即用雙手將敵雙手由內往

十字手

左右分開手心朝上向下均可同時腰膝稍鬆往下一沉則敵人之力自散而不整矣

第十七節　抱虎歸山用法

「說明」由前式設敵人自我後面右側用右手從下部擊來或用右足來踢我即往右側轉身出右步屈膝踏實左腿伸直變虛右手隨身轉時將敵右手或足摟至右膝外左手同時由左側往前腕轉運出向敵面部按去如敵又用左手自上打來急用左手腕由敵左手腕下繞過粘住右手同時圓轉提起用腕向敵肘上臂部貼住同時兩手往懷內左側合收抱回則敵人自站不定此時要鬆肩坐肘左足實右足虛

抱虎歸山

第十八節　抱虎歸山內之三式

二擠圖

撮抱圖

三按圖

第十九節　肘底看錘用法

「說明」由前勢如敵人自後方用右手來擊我即將右足向左移動坐實身隨之轉動胸含背拔頭頂腰鬆左足當身將轉過正面時提起落下脚跟着地脚掌虛朝前兩手隨轉身同時動作左手側向裏肘隨肩鬆由左往後側平圓轉轉至正面我之腕臂敵腕臂相交隨自上黏合繞過下面用虎口緊扼其上肘手心向內畧往上托右手隨握拳轉至右脅下虎口朝上向敵人脅部打出眼神前看

肘底看錘

左倒輦猴

第二十節　倒輦猴左式用法

「說明」由前式敵人用右手當胸打來我即將左手腕中間向敵右肘部裏曲處用半圓黏合沉勁向左往外摟出則敵必隨之往左傾斜左脚隨往後退坐實頭頂肩鬆背拔胸含右脚不動變虛右手同時往後右側環轉而以上備敵人用左手來擊

第二十一節　倒輦猴右式用法

「說明」由左勢設敵人以左手來擊我即將右手往前畧往下用腕中間粘合敵人肘部裏曲向右往外化出其身法步法與各姿勢均與左式同練法退三步五步七步均可但右手祇至前爲止

斜飛式

右倒輦猴

第二十二節　斜飛式用法

「說明」由前式如敵人自右側面向我上部打來我急用右臂向敵人右臂外側挪右足同時向右側出步如敵人用下壓我臂腕我即乘勢往下稍沉勁隨即將左手上提提至敵腕上面手心向下貼合其腕往我左側略施採意左足暫坐實隨將右手向敵右臂下抽出順勢用腕部側面向敵上脅挒去手心側向裏右脚變實右脚爲虛眼神隨去身亦右攻則敵自歪而倒矣

第二十三節　提手用法同前

提手

第二十四節　白鶴亮翅用法同前

白鶴亮翅

第二十五節　摟膝拗步用法同前

摟膝拗步

海底針

第二十六 海底針用法

「說明」由前式設敵人用右手將我右腕牽動我即屈右肘將手腕往回一提手心向左左脚隨之收平脚尖點地右脚坐實如敵再將我手腕往下採去我即將右腕順勢鬆勁往下一沉腰隨坐下身往前囘俯下低眼神前視右腿仍虛則敵人之手力自懈

第二十七節 扇通臂用法

「說明」由前勢設敵人又用右手來擊我同時急將右手由前往上往右提起起至右額角旁隨起隨將手心翻向外以托敵右手之勁左手同時提至胸前用手掌沖開之勁向敵脅部撐去可沉肩墜肘坐腕鬆腰左脚同時向前踏出屈膝坐實脚尖朝前右腿伸直變虛身正向右含騎馬襠式惟眼神隨左手前看則敵人自不能支持矣

扇通背

第二十八節　撇身捶用法圖

「說明」由前式設敵人自身後照脊背或脅間用右手打來時我即將右足招起向後偏右移動落下足尖向前變實右左足尖虛向右轉變虛腰身隨轉入正面右手同時由上圜轉向右肋側落下隨握拳用腕部外面手心朝上將敵右手腕拿住同時左手圓轉由左側收回胸前急向敵入伸去

撇身捶之一

撇身捶之二

第二十九節　進步搬攔捶用法

說明」由前勢設敵人將被叠之手向左用力撥時我之右手腕稍隨鬆勁急用左肘腕中間向敵右肘裏曲貼往外搬開肘尖略向上手心朝外指尖略向下隨用右捶直向敵之胸部打去此時左足向前邁出一步屈膝坐實右足尖就原地稍向右移轉變虛眼前看腰進攻則敵自往後跌出矣

進步搬攔錘

第三十節 上步攬雀尾用法同前

上步攬雀尾掤一

按三

上爲攬雀尾內之掤擠按三式

第三十一節 單鞭式用法同前

擠二

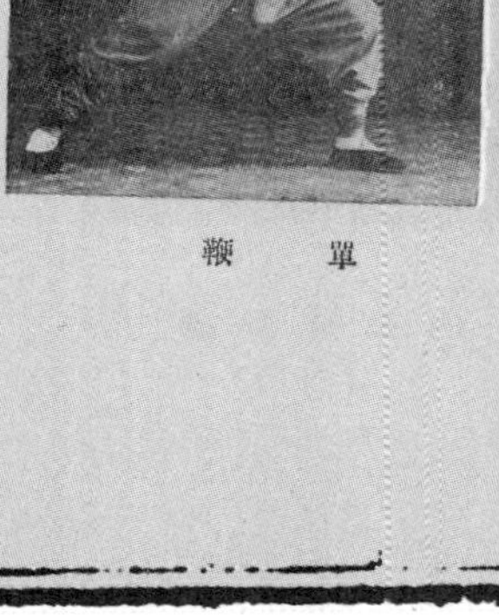

單鞭

第三十二節　擺手用法右式

「說明」由前勢設敵人自前面右側用右手擊我胸部或脅部我即將右手落下手心向裏由左而上往右翻轉擺出至敵腕臂外間手心向下往右化去左手同時隨落下手心向下隨往右擺去身亦隨右手拗轉眼神亦同時看去右足往右側挪步坐實左足亦畧有向右移動之意稍虛則敵之位置自然錯亂矣

第三十三節　擺手左式

左拡手

左右用法同自悟方向而已

等三十四節　單鞭用法同前

右拡手

單鞭

第三十五節　高探馬用法圖

「說明」由單鞭式設敵人用左手自我左腕下繞過往右挑撥我隨將左手腕略鬆勁手心朝上將敵腕疊住往懷內採回左腳同時提回腳尖着地鬆腰含胸右腿稍屈膝坐實同時急將右手由後而上圓轉向前往敵人面部用掌探去眼前看脊背略含有探拔前進之意

第三十六節　右分脚用法

右分脚擺式

高探馬用法

右分脚

「說明」由前勢設敵人用右手接我探出之右腕我隨用右腕閉住敵之右腕墜肘沉肩即將敵左臂向左側搌去同時左手粘住敵人左腕手心向下暗有採勁左脚同時向前左側邁出坐實身隨進將右脚向左提起用脚背向敵人右脅踢去隨將兩手向左右分開眼隨右手看去則敵勢自不支

第三十七節　左分脚用法與右同

左分脚搌式

左分脚

「說明」三十七圖爲左分脚與右式用法練法皆同就是左右方向不同同志將右之方法反左自己領悟就知毋須再贅無論前後凡有同樣圖左右方向自想而知矣

第三十八節　左轉身蹬脚用法

「說明」由左分脚式設敵人從身後用右手打來我即將身向左正方轉動頂勁含胸拔背鬆腰右脚就原地稍向左轉仍實左腿懸提隨腰轉時脚尖朝下向敵胸部蹬去蹬時用脚跟脚指朝上兩手同時隨腰轉時由下往上捧合與左脚蹬出時向左右分開眼神隨往前看去則敵自倒矣

第三十九節　左摟膝用法同前

第四十節　右摟膝用法同前

左摟膝用法

左蹬脚用法

右摟膝用法

第四十一節　進步栽錘用法

「說明」由前式右手摟出時設敵人用右腿踢來我即用左手將敵右腿由裏往左摟開左足同時向前邁出屈膝坐實隨將右手握拳向敵右膝擊之亦可右腿伸直變虛腰身略俯下平曲胸含眼前看則敵自站立不穩矣

進步栽錘

第四十二節　翻身撇身錘用法

撇身錘之一

撇身錘之二

「說明」由前勢設人用右手自身後來擊我急將身由右往後翻轉轉入正面右手同時提起由左往右圓轉屈肘用腕將敵腕叠住手心朝上暗用採勁左手同時轉過胸前向敵人面部用掌跟挒去左足尖向右稍轉動右腿速提起向前右側落下坐實左腿變虛眼神隨往前看去

第四十三節　進步搬攔錘用法

「說明」由前式設敵人用右臂將我右腕掤起我急將左手腕乘勢將敵右肘裏曲貼合往外搬住右手握拳向敵胸部衝出打去虎口朝上左腿向前邁步屈膝坐實右脚變虛眼前看腰進攻以上身手足各部俱要同時合作則敵必應手而倒矣

進步搬攔錘用法

第四十四節　右蹬脚用法

「說明」由前勢設敵人用左手將我右臂向左推出此時將我右腕順勢由敵人手腕下纏裹自右往左捌開隨將右脚向敵人正面蹬出左脚尖同時向左稍轉坐實身亦隨往左轉入正面頭頂背拔眼神隨右脚蹬時看去

右蹬脚用法

左打虎式

第四十五節　左打虎式用法

「說明」由前式設敵人由左前方用左手打來我將右足落下左足隨往左側提出屈膝坐實右足變爲虛身此時畧成騎馬襠形式面向左正方两手同時落下隨落隨往左合轉用右手將敵左腕扼住往左側下採去左手變拳由左外翻轉上招至左額角旁手心向外急向敵人頭部或背部打去頭頂腰鬆眼神隨左手看去

第四十六節　右打虎式用法

「說明」由左式設敵人自後右側用右手打來我即將右足提起向右側邁去屈膝坐實畧成跨馬式腰隨之往右側前方拗轉左腿變虛兩手同時隨落隨往右合轉用左手將敵右腕扼住往右側下採去右手變拳由右外翻轉上招至右額角旁手心向外急向敵人頭部或背部打去頂勁鬆腰眼神隨右手看去

右打虎式

第四十七節　回身右蹬脚同前

右蹬脚

第四十八節　雙風貫耳用法

「說明」由前勢設敵人自右側用雙手打來我急將左脚尖稍向右轉仍實右脚同時向右側懸轉膝上提脚尖朝下身同時隨轉速將兩手背由上往下將敵人兩腕往左右分開叠住頭頂腰鬆背拔胸含隨將兩手握拳由下往上向敵人雙耳用虎口貫去右脚同時向前落下變實眼前看身畧有進攻意此時左足變虛

雙風貫耳

第四十九節　左蹬脚用法

「說明」由前式設有敵人自左側脅部來擊我急用左手將敵右手臂粘住由裹往外掤開左足同時往前招起照敵胸脅部蹬去右手隨往右分開此時右足在原地微有移動仍坐實頭頂背拔眼神隨往前看去

左蹬脚

第五十節　轉身蹬脚用法

「說明」接前式如有敵人從背後左側打來時我急將身往右後邊轉成正面左脚同時隨身轉時收回隨收隨往右懸轉落下坐實脚尖向前此時右脚掌爲一身轉動之樞紐兩手合收隨身至正面急用右手腕將敵肘腕粘住自上而下向左捌出右脚同時擡起向敵胸脅部踢去左手隨往左分開

第五十一節　進步搬攔錘同前

第五十二節　如封似閉同前

轉身蹬脚

進步搬攔錘

如封似閉

第五十三節　十字手同前

十字手

抱虎歸山內之三式（抱與擺不同）

擺式一

第五十四節　抱虎歸山同前

抱虎歸山

擠式二

按式

第五十五節 斜單鞭（與前方向不同）

斜單鞭

第五十六節 野馬分鬃右式用法

說明」由前式設敵人自右側進左步用左手打來我即將身右轉抽回右足脚尖虛點地隨用左手將敵左腕牽住往左側下畧有採意同時急上右足屈膝坐實左足變虛隨用右腕向敵腋下分去左手亦隨之鬆開此時身隨進眼前看則敵自歪斜而不能立矣

右野馬分鬃

第五十七節　野馬分鬃左式用法

「說明」由右式如敵人自左前側方用右手打來我用右手將敵右腕牽制隨進左手左足餘式皆與右同

左野馬分鬃

第五十八節　攬雀尾

攬雀尾掤式一

攌式二

擠式三

按式四

第五十九節　單鞭用法同前

單鞭

第六十節　玉女穿梭頭一手左式用法

「說明」由單鞭式設敵人從後右側用右手自上打下我即將身右轉右脚隨即提囘左脚前急用右腕將敵右腕外面擱住左脚同時前進屈膝坐實左脚虛再用左腕由敵肘腕裏面往上偏左圓活掤起隨將右手騰出向敵胸脅部按去頭頂腰鬆胸含背拔眼前看則敵自傾

玉女穿梭右式

玉女穿梭左式

第六十一節　玉女穿梭第二手右式用法

「說明」接前式如敵人由身後右側用右手劈頭打來我即將左脚往裏稍轉右脚同時向後右側出步屈膝坐實身隨向後往右扨轉左脚變虛急用右腕由敵右臂外粘住往上右側掤起隨將左手向敵右脅按去則敵自倒

玉女穿梭之三

玉女穿梭之四

第六十二 玉女穿梭
三式用法與第一式同

第六十三 玉女穿梭
四式用法與第二式同

第六十四節　攬雀尾同前

攬雀尾掤一式

擠式三

攦式二

按式四

第六十五節 單鞭

無論前後單鞭與抎手二姿式相同練法與用法亦相同

單鞭

第六十六節 抎手

右擺手

左擺手

第六十七節　單鞭下式用法

「說明」由單鞭已出之左手如敵人以右手將我左手往外推去或用力握住我即將右腿往後坐下左手同時用圓活裹勁收回胸前或敵用左手來擊我急用左手將敵左腕扼住往左側下採去亦可右腿與腰身同時坐下以牽彼之力而蓄我之氣

單鞭

單鞭坐下式

第六十八節　金雞獨立右式用法

由上式如敵人往回拽其力我即順勢將身向前向上鑽起右腿隨之提起用膝向敵腹部衝去右手隨之前進屈肘指尖朝上以閉敵人左手此時左腳變實穩立頭頂背拔右手隨進時或牽制敵人左右手亦可不必拘執

金鷄獨立右式

第六十九節　金雞獨立左式用法

「說明」由右式設敵人用右拳打來我右手沉下速起左手托敵肘提左腿與右理同

金鷄獨立左式

第七十節 倒輦猴同前

左倒輦猴

第七十一節 斜飛式同前

斜飛式

第七十二節 提手同前

右倒輦猴

提手

第七十三節 白鶴亮翅同前

白鶴亮翅

第七十四節 摟膝拗步同前

摟膝拗步

第七十五節 海底針同前

海底針

第七十六節 山通背同前

山通背

白蛇吐信預式一

白蛇吐信二

第七十七節　轉身白蛇吐信
此式與撇身錘同惟第二式變掌
用法在指在掌耳

第七十八節　搬攬錘同前

上步搬攬錘

第七十九 攬雀尾式用法同前

攬雀尾式一

擠式二

第八十節 單鞭式用法同前

按式三

單鞭

第八十一節　擺手用法同前

擺手右式

第八十二節　單鞭用法同前

第八十三節　高探馬代穿掌

擺手左式

高探馬代穿掌

第八十四節　十字單擺蓮用法(即十字腿)

「說明」由前式設敵人自身後右邊用右手橫混打來我急將身向右正面扨轉左臂同時翻轉屈囘與右臂上下相映時急向身後右側探手由敵右腕裏邊往外粘去同時急將右腿提起用脚背之混勁向敵右脅部踢去則敵必應脚而出矣

進步指膛捶

十字單擺蓮

第八十五節　進步指膛捶用法

「說明」接前式如敵人往囘撤手時我即將右足落下同時左足前進屈膝坐實在此時設敵人再用右足自下來踢急用左手將敵右足往左膝外摟開右手隨即握拳向敵腹部指去身微俯式眼神隨之前看

第八十六節　上步攬雀尾用法同前

攬雀尾擬式一

擠式二

按式三

第八十七節 單鞭下式用法同前

單鞭

第八十八節 上步七星用法

由上式設敵人用右手自上劈下我即將身向左前進兩手同時集合交义作七字形手心朝裏掤住向敵用拳直打亦可右腿在兩手交义時提起用脚背踢去左脚變實拔背含胸頭要頂勁眼神往前注視則我身自穩固矣

單鞭坐下式

上步七星

退步跨虎

第八十九節　退步跨虎式用法

「說明」由前式設敵人再用雙手從我頭之兩旁合擊我即將兩腕粘在敵兩腕裏邊左手往左側下方沾去右手往右側上方沾起兩手心隨之反轉向外右脚隨往後落下坐實腰隨往下沉勁左足隨之稍後提脚尖點地拔背含胸頭頂勁眼神前看

第九十節　轉身雙擺蓮用法（又名轉脚擺蓮）

「說明」由前勢設敵人自我身後用右手打來我即將右脚掌就原地向右後方扚轉身隨圓轉左脚亦隨之懸轉轉至右脚後方落下坐實同時兩手隨身合轉轉至緊挨敵右肘腕粘住隨纏繞腕之裏面往左捌去急用右脚背向敵胸脅部踢去左脚踏實鬆腰頭頂勁眼神向敵人看去右手隨往右分開

轉身雙擺蓮

彎弓射虎

第九十一節　彎弓射虎用法

「說明」由前式設敵人往回撤身時我即將右手隨敵右手粘去隨繞過腕外面握拳打出左手同時沉在敵右肘彎曲處右脚隨往右落下坐實腰下沉勁如騎馬膽樣式左脚變虛

如練法圖與後三十七對圖解說少有不同是各有意思皆對太極變化不能拘一

第九十二節　進步搬攔捶(用法同前)

進步搬攔錘

第九十三節　如封似閉(用法同前)

如封似閉

第九十四節 由如封似閉作十字手式同前收式變爲合太極

合太極

十三勢歌

十三勢來莫輕視。命意源頭在要隙。
變轉虛實須留意。氣遍身軀不少滯。
靜中觸動動猶靜。因敵變化示神奇。
勢勢存心揆用意。得來不覺費功夫。
刻刻留心在腰間。腹內鬆淨氣騰然。
尾閭中正神貫頂。滿身輕利頂頭懸。
仔細留心向推求。屈伸開合聽自由。
入門引路須口授。功夫無息法自休。
若言體用何爲準。意氣君來骨肉臣。
想推用意終何在。益壽延年不老春。
歌兮歌兮百四十。字字眞切義無遺。
若不向此推求去。枉費工夫貽嘆息。

太極拳使用法

(一)合步推手。甲右足在前。乙亦右足在前。即四正推手。

(一)順步推手。甲右足在前。乙左足在前。爲順步。

(一)活步推手。或甲乙各進三步。或甲或乙各退三步。且記進者先進前腿。退者先退後足爲標準。手與前推手同。

(一)一步推手。爲合步姿勢。甲進右足。左足隨進半步。乙退後左足一步。右足亦隨退半步。此爲前帶後後帶前。甲乙先後均可。

以上各種推手手法皆同惟步法不同耳

掤攦擠按須認眞。上下相隨人難進。任他巨力來打我。牽動四兩撥千斤。引進落空合即出。粘連黏隨不丟頂。

推手法圖解

如甲乙二人練習。先作右琵琶式。對手時。無論甲乙右足在前均可。其距離寬窄。隨人得機得勢為標準。初搭手為接式。甲為掤。乙為按。甲隨乙按時腰往回坐縮。以左手腕黏乙肘尖上處。亦同時雙手往回攌。此謂之攌。如推手第二圖。

甲　乙

甲　乙

乙被甲掤則身傾於右方似不得力而乙之左手隨甲掤之方向送去以右手掌補於左肘灣處向前擠去此謂之擠如三圖

甲被乙擠似不得力即含胸以右手心黏乙右手背往右化去則乙擠不到身上矣甲之左手同時按乙右肘處兩手同時向前按去此之謂按如第四圖

甲　乙

甲　乙

四正推手法

四正推手者即兩人推手時用攦擠按掤四法向四方周而復始作互相推手之運動也作此法時兩人對立作雙搭手右式　甲屈膝後坐屈兩臂肘尖下垂(作琵琶式)兩手分攬乙之右臂腕肘處向懷內斜下方攦　乙趁勢平屈右肱成九十度角形向甲胸前前擠揞其雙腕並以左手移撫肱內以助其勢　甲當乙擠肘時含胸腰微左轉雙手趁勢下按乙左膊　乙即以左臂擠推分作弧線向上運行掤化甲之按力同時右膊亦自下纏上甲之左肘以謝其勢　乙掤化甲之按力後即趁勢攦甲之左臂　甲隨乙之攦勁前擠　乙隨甲之擠勁下按　甲即掤化乙之按力後攦自此周而復始運轉不已是謂四正推手法

大攦用法單式圖解

第一節 甲爲掤化去勁之圖。甲前膊爲掤。肘尖涵去勁。

(1)

第二節 甲爲攦截之圖。甲左手爲攦爲採。右手爲截。兩手總式爲挒。

(2)

第三節　甲爲採閃之圖。甲左手爲採爲切。右手爲閃爲悗。

(3)

第四節　甲爲擠靠之圖。甲左手扶處爲擠。右背尖處爲靠。

(4)

四隅推手法（即大攦）

四隅推手者一名大攦即兩人推手時用肘靠採挒四法向四斜方周而復始作互相推手之運動以濟四正之所窮也作此法時兩人南北對立作雙搭手右式　甲右足向西北斜邁一步作騎馬式或丁八步右臂平屈右手撫乙之右腕左臂屈肘用下膊骨中處向西北斜攦乙之右臂　乙即趁勢左足向左前方橫出一步移右足向甲襠中插襠前邁一步同時右臂伸舒向下肩隨甲之攦勁向甲胸部前靠左手撫右肱內輔助之此時甲乙仍相對立乙面視東北方　甲以左手下按乙之左腕右手按乙之左肘尖下採同時左足由乙之右足外移至乙之襠中　乙隨甲之採勁左腿向西南方後撤作騎馬式左臂平屈右手撫甲之左腕右臂屈肘用下膊骨中處向西南方斜攦甲之左臂　甲趁勢右足前出一步移左足向乙襠中插襠前邁一步同時左臂伸舒向下肩隨乙之攦勁向乙胸部前靠右手撫左肱內以輔助之此時甲乙仍相對立甲面視東南方　甲左臂欲上挑乙即隨甲之挑勁左手作掌向甲面部撲擊右手按甲之左肩斜向下挒　甲隨乙之挒勁撤左足向東北方邁左手撫乙之左腕右臂屈肘向東北斜攦乙之左臂　乙勢趁上右步移左足向甲襠中前邁左臂隨甲之攦勁用肩向甲胸部前靠右手輔

之面視西北方　甲以右手下按乙之右腕左手按乙之右肘尖下採同時右足由乙左足外移至乙襠中　乙隨甲之勁採撤右足向東南方邁右手撫甲之右腕左臂屈肘向東南斜擺甲之右臂　甲趁勢上左步移右足向乙襠中前邁右臂隨乙之擺勁用肩向乙胸部前靠左手輔之面視西南方　甲右臂欲上挑乙即隨甲之挑勁右手作掌向甲面部撲擊左手按甲之右肩斜向下挒甲退左腿雙手擺乙之右臂腕肘處還右雙搭手式此爲一度可繼續爲之是謂四隅推手法

大小太極解

天地爲一大太極，人身爲一小太極，人身爲太極之體，不可不練太極之拳，本有之靈而重修之，良有以也，人身如機器，久不磨而生銹，生銹而氣血滯，多生流弊，故人欲鍛煉身體者，必先練太極最相宜，太極練法，以心行氣不用濁力，純任自然，筋骨鮮折曲之苦，皮膚無磋磨之勞，不用力何能有力，蓋太極練功，沉肩墜肘，氣沉丹田，氣能入丹田，爲氣總機關，由此分運四體百骸，以氣週流全身，意到氣至，練到此地位，其力不可限量矣，此不用濁力純以神行，功效著矣，先師云，極柔軟然後極堅剛，蓋此意也。

王宗岳原序

以心行氣，務令沉着，乃能收斂入骨，以氣運身，務令順遂，乃能便利從心，精神能提得起，則無遲重之虞，所謂項頭懸也，意氣須換得靈，乃有圓活之趣，所謂變動虛實也，發勁須沉着，鬆淨專主一方，立身須中正安舒，支撐八面，行氣如九曲珠，無往不利，（氣遍身軀之謂）運勁如百煉鋼，無堅不摧，形如搏兎之鵠，神如捕鼠之貓，靜如山岳，動如江河，蓄勁如開弓，發勁如放箭，曲中求直，蓄而後發，力由脊發，步隨身換，收即是放，斷而復連，往復須有摺叠，進退須有轉換，極柔軟，然後極堅剛，能呼吸，然後能靈活氣，以直養而無害，勁以曲蓄而有餘，心爲令，氣爲旗，腰爲纛，先求開展，後求緊湊，乃可臻于縝密矣。

以心行氣，務令沈着，乃能收斂入骨。

平時用功，練十三勢用心使氣緩緩流行於骨外肉內之間，意爲嚮導氣隨行，至於練拳姿勢要沈舒，心意要貴靜，心不靜不能沈着，不能沈着則氣不收入骨矣，即是外勁也，練太極拳能收斂入骨此眞正太極勁也。

以氣運身，務令順遂，乃便利從心。

同志想使氣運身流通，必得十三勢教正無錯，方是先師所傳的拳，姿勢上下順遂，勁不矯揉，氣纔能流通，如姿勢順遂，心中指揮手脚遂心矣。

精神能提得起，則無遲重之虞，所謂頂頭懸也。

精神爲一身之主，不但練拳，無論作何事，有精神迅速，必不遲慢，所以講拳必提精神爲先，欲要提精神，頭容正直要頂勁，即泥丸宮虛靈勁上昇，此法悟通，就是提精神之法也。

意氣須換得靈，乃有圓活之趣，所謂變化虛實也。

意氣即骨外肉內流動物也，至於練拳打手，想得言不出着一種的興趣來，必使流動物滿身能跑，意左即左，意右則右，就是太極有虛有實的一種的變化，意氣的換法，猶如半瓶水，左側則左蕩，右側則右蕩，能如是，不但得圓活之趣，更有手舞足蹈之樂，至此境地，若人阻我練拳，恐欲罷不能也，因知身體受無限之幸福矣。

發勁須沈着鬆靜專主一方

與人敵先將敵治住，打他一個方向，即敵向歪扭的那個方向，如發勁無論一手肩肘要沈下，心中要鬆靜，發勁專打，敵一個方向，我勁不散，敵不難跌出丈外矣。

立身須中正安舒支撐八面

頭容正直尾閭中正身即不偏，心內要舒展，以靜待動之意，腰腿如立軸，膊手如臥輪，圓轉如意，方能當其八面。

行氣如九曲珠無微不到

九曲珠者即一個珠內有九曲灣也，人身譬如珠，四體百骸無不灣也，能行氣四肢無有一處不到，行氣九曲珠功成矣。

運勁如百鍊鋼何堅不摧

運勁如百鍊鋼即內勁，非一日之功也，日月練習慢慢磨練出來的，猶如一塊荒鉄，日日鎚鍊，慢慢化出一種純鋼來，欲作刀劍其鋒利無比，無堅不摧，太極練出來細而有鋼之勁，即鐵人亦能打壞，何妨對敵者爲血肉之軀乎。

形如搏兎之鶻，神如捕鼠之貓。

鶻者飛禽也，鷹類也，冬獵用之，此言與人對敵比仿我形式如鷹鶻，見物拿來，眼要吃住敵人，一搭手就可將敵擒到，即如鶻捕物之狀，此喩非罵人也，先師文字如此不得不解之，望諸君勿疑焉，貓像虎形能捕鼠，等鼠伏身坐臥後腿，全身精神貫注鼠洞，如出猛捕之得鼠焉，此言太極有涵胸拔脊之勢，如貓捕鼠之形，待機而發，敵得受用矣。

靜如山岳，動若江河。

用功日久，腿下有根站立如山，人力不可搖動也、江河之喩言各種變化無窮，一手變五手，五手變百手，言其滔滔不絕，如江河之長也。

蓄勁如張弓，發勁如放箭。

蓄者藏也，太極勁不在外藏于內，如敵對手時，內勁如開弓不射之圓滿，猶皮球有氣充之，敵人伏我膊，雖綿軟而不能按下，使敵莫明其妙，敵心疑時，不知我弓上已有箭要發射矣，我如弓敵如箭，出勁之速，敵如箭跌出矣。

曲中求直蓄而後發

力由脊發步隨身換

收即是放放即是收斷而復連

此三說總而言之，解說容易明瞭，曲中求直即隨曲就伸之意，蓄而後發力由脊發收是放一理也，就是神如捕鼠之貓之理，一二語道盡學家宜自得之。

往復須有摺疊進退須有轉換

與人對敵或來或往，摺疊即曲肘灣肱之式，摺背敵其身手此係近身使用法，離遠無用，進退不要泥一式，須有轉換隨機變化也。

極柔軟而後極堅剛能呼吸然後能靈活

練十三勢要用柔法，然後功成就生出柔中含藏內勁，呼吸者，蓋吸能提得人起，能使敵後足離地，再呼氣力從脊內發出全身之勁放得人遠出，呼吸靈通，身法然後才能靈活無滯。

氣以直養而無害勁以曲蓄而有餘

練太極是養氣之法，非運氣之工作也，何爲運氣人心急有力弩氣練法，氣必聚一個地方，放出不易，恐與內有妨碍，何爲養氣，孟子云我善養吾浩然之氣，不急不燥，先天氣生，靜心養性，練拳使內精氣神合一，行氣流通九曲珠，如未得到益定無害也，與人敵不使膊伸直，能上下相隨，步隨身換，膊未直而力有餘，敵早跌出，就是勁以曲蓄而有餘。

心爲令。氣爲旗。腰爲纛。

太極之理猶行軍戰事，必有令旗指揮驅使，練太極亦然，所以心爲令，就是以心行氣，能使氣如旗，意之所至，氣即隨之而到，就是心如令氣如旗，腰爲纛者即軍中大纛旗也，小旗主動，大旗主靜，拳法腰可作車軸之轉，不能倒捌大纛旗也。

先求開展。後求緊湊。乃可臻於縝密矣。

開展大也，鬆其筋肉，初學練拳先求姿勢開大，謂能舒筋活血，容易轉弱爲强，强而後，研究外能筋骨肉合一，內有精氣神相聚，謂之緊湊，內外兼修，加以動靜變化，自開展而及緊湊，身體强而使用全，可至臻密境矣，如說拳大練小練則誤矣。

原文

又曰，彼不動，己不動，彼微動，己先動，勁似鬆非鬆，將展未展，勁斷意不斷。

又曰，先在心，後在身，腹鬆氣斂入骨，神舒體靜，刻刻在心，切記一動無有不動，一靜無有不靜，牽動往來，氣貼背斂入脊骨，內固精神，外示安逸，邁步如貓行，運勁如抽絲，全身意在精神，不在氣，在氣則滯，有氣者無力，無氣者純剛氣，若車輪，腰如車軸。

又曰先在心後在身

初學對敵，用心之專，恐不能勝，練成之後，無須有心之變化，身受擊處自能應敵，心中不知，敵跌出矣，即爲不知手之舞之，初學在心，成功後在身，猶如初學珠算，心先念歌手操之，後熟心不歌手能如意，亦先在心後在手，拳理亦然。

腹鬆氣斂入骨

腹雖注意猶鬆舒，不要鼓勁，氣練入骨，骨肉沉重矣，外如棉花，內似鋼條，猶如綿花裹鐵之理。

刻刻在心切記一動無有不動一靜無有不靜

刻刻時時也，謹記一動全身之動，不要一部分動，猶火車頭行動，諸車隨動焉，太極動勁要整，雖整而又活焉，如行車無不動矣，身雖動心貴靜，如心一靜全身靜，雖靜又厲動焉，如動要上下相隨至要。

牽動往來氣貼背斂入脊骨內固精神外示安逸

牽動往來，即手之舞動，氣吸能入貼於脊背，蓄而待發，氣吸能藏于脊骨即有內固之精神，外表文雅安逸，雖練武而猶文也。

邁步如貓行運勁如抽絲

太極拳步行走，如貓行之輕靈，練拳運勁如抽絲之不斷。

全身意在精神不在氣在氣則滯有氣者無力無氣者純剛

人身有三寶，曰精，氣，神，太極意在此，不在氣者不在運氣之氣，在氣則滯如運氣澎漲一部分，滯而不靈，有氣者無力，有濁氣者，自覺有力，敵覺我無力，無氣者純剛，無有濁氣即生綿力，意想則力到，如搭手如皮條搭在敵膞，所以我未用力，敵覺我手重如泰山矣，不用直力則巧力生，無濁氣者爲純剛。

氣如車輪腰似車軸

全身意氣如車輪流行，腰爲一身之主宰，腰如車軸能圓轉，所以拳變化在腰間也。

又曰彼不動己不動彼微動己先動

與敵對搭手自己不動，待對手一動之際，我手動之在先矣。

似鬆非鬆將展未展勁斷意不斷

太極拳出手，說鬆亦不鬆，伸出亦未直爲度，練拳可以不斷有一定之姿勢，能以線串成，如講對敵使用無一定之姿勢發人出去，我之姿勢外形似有所斷，而我意未少懈也，猶如蓮藕拆斷內細絲不斷，以此譬喻容易明瞭，楊老師常言勁斷意不斷，藕斷絲連，蓋此意也。

太極指明法

用勁不對，不用勁不對，綿而有剛對，丟不對，頂不對，不丟不頂對，沾不對，不沾不對，不即不離對，浮不對，重不對，輕靈鬆沈對，胆大不對，胆小不對，胆要壯而心要細對，打人不對，不打人不對，將敵治心服對。

凡例

一，太極拳術已漸為我人所注重而使用方法尚無專書表示實為缺憾本書即本此意編著形勢具備願與海內人士共同研究之

一，太極拳使用之精巧本非筆墨所能形容本書三十七圖雖各圖皆說明其用法但神而明之仍在乎其人

一，說中設為甲乙甲為使用之人乙為對敵之人俾易明瞭

一，圖說後凡關於太極拳之理論及源流等並附述之俾便研究但疏吝無當自知不免閱者諒之

王宗岳太極論

太極者無極而生陰陽之母也動之則分靜之則合無過不及隨曲就伸人剛我柔謂之走我順人背謂之黏動急則急應動緩則緩隨雖變化萬端而理爲一貫由着熟而漸悟懂勁由懂勁而階及神明然非用力之久不能豁然貫通焉虛領頂勁氣沉丹田不偏不倚忽隱忽現左重則左虛右重則右杳仰之則彌高俯之則彌深進之則愈長退之則愈促一羽不能加蠅蟲不能落人不知我我獨知人英雄所向無敵蓋出此而及也斯技旁門甚多雖勢有區別槪不外乎壯欺弱慢讓快耳有力打無力手慢讓手快是皆先天自然之能非關學力而有也察四兩撥千斤之女顯非力勝觀耄耋能禦衆之形快何能爲立及平準活似車輪偏沉則隨雙重則滯每見數年純功不能運化者率皆自爲人制雙重之病未悟耳欲避此病須知陰陽相濟方爲懂勁懂勁後愈練愈精默識揣摩漸至從心所欲本是捨己從人多悟舍近求遠所謂差之毫釐謬之千里學者不可不詳辨焉是爲論

第一式 攬雀尾使用法

上手爲甲下手爲乙如二人對敵乙執右拳直打甲之胸部甲自乙右膊下招起雙手繞外邊轉上與乙膊靠接以意運氣往外推去右足同時往前上一步左足在後蹬勁將乙打出如圖是也

攬雀尾使用法

掤擺擠按由攬雀尾內變化換勁化勁是也後編推手法內寫明

第二式 單鞭使用法

如上式攬雀尾將人打出如甲身後又來一人如乙自上輪拳太山壓頂打來甲遂速往左方轉身左手托敵人的胸前下部左足弓式右足蹬爲直線同時右手在後變爲刁手以作沉勁此爲單鞭開勁左手迎敵將人打出如圖是也

單鞭使用法

提手使用法

第三式　提手用法

拳之打法不一如甲單鞭式如乙持左拳以直打來甲含胸雙手往一處合勁敷在乙左膊上往前下方沉打將乙打倒坐在地上如圖此即提手用法也提手用法有二提上打沉下打皆可也

第四式　白鶴亮翅用法

甲如提手式將人打出如乙外功甚大手勁有練抓力的自上抓來甲遂進身上步閃過乙手甲再往上將右膊抬起托乙肘處身法再往上長往外挪勁將乙打出如白鶴亮翅是也如乙或用左手或用右手來抓皆可以白鶴亮翅應之

白鶴亮翅使用法

第五式　左摟膝拗步用法

甲如亮翅式如乙右手自前斜方擊來甲左手自外繞至乙膊前節往下摟去同時甲右手落下向後轉繞至膀尖齊直往乙胸前拍去左足弓右足在後蹬勁如圖是也

左摟膝拗步用法

第六式　右摟膝拗步用法

如乙若用左手以直打來甲可以用右手摟住乙的左膊甲左手繞自膀尖處伸指掌拍乙胸前要掌心去勁右足弓式左足蹬勁如右摟膝圖是也

右摟膝拗步用法

琵琶式用法

第七式　琵琶式用法

如左摟膝式甲立敵人如乙右手自右外方繞裏直打來甲右手隨乙手繞直時甲右手回勁扣粘乙裏手腕同時甲左手招起托乙的肘尖甲指掌俱要伸開手心用力將乙膞托直將乙的前足尖提起使乙不得力也甲右足坐實左足爲虛式如圖是也

第八式　搬攬錘用法

如甲直立若乙外力甚大而且又快驀右拳打來力重千斤將至臨近甲速含蓄身畧往右邊側乙拳已經打空甲右拳速自乙右拳外方繞乙手腕上沉勁此爲稱錘雖小壓千斤理在是也甲左手同時將乙膞搬開甲右拳不落遂直擊乙身上左足同時上步弓式右足爲直線如搬攬錘圖是也

搬攬錘用法

如封似閉

第九式　如封似閉用法

如甲右手打乙，乙用左手封當，甲的左手自己右膊下邊往前比住乙左手腕，甲右手速抽回，再去按乙左橫肘上，雙手按勁往前推去，左足在前作弓式，右足在後爲直線，足根不可欠起，其根在足，如封似閉之圖是也。

第十式　十字手用法

甲立如乙雙拳打來，甲隨亦雙掌自下往上掤如十字，架開乙雙手如圖是也。

十字手用法

抱虎歸山用法

第十一式　抱虎歸山用法

甲立如乙自右後方持拳直擊，甲隨轉趾扭腰，右手往後如右摟膝摟撥乙右膊，將乙身捌歪，同時隨起左手將乙拍倒，右足弓式，左足直線如圖是也，又第二用法如乙再還左手來擊，甲亦用左手應之，甲速再用右膊拗抱敵人之身腰擒起，猶如壯士捉虎歸山之勢，此二用法也。

第十二式　肘底錘用法

甲按手式立，如乙拳法心詭計多，自甲左後方用右拳一打速往回就退，甲速向左方轉身進步，左手自乙拳上繞下伸進托乙的肘尖，隨用右拳打乙右脅，乙速退，甲速進三步才可打上，如圖是也。眞用少易，不可泥影。

肘底錘用法

第十三式　倒輦猴用法

甲立，如乙用換拳法，左右拳先後直打，如右拳以直打來，右足進一步，隨後左拳打來，左足進步，此爲拉鑽錘進步法，甲用倒輦猴破法，退左步左手摟乙的右拳，退右步右手摟乙的左拳，往後如法速退幾步，甲如用換式亦可，左手摟乙右拳時，甲進右拳換打乙胸，甲右手摟乙左拳，甲用左掌還擊可將乙打退，如圖是也。

倒輦猴用法

第十四式　斜飛式用法

甲直立，如乙對敵正面不能進，想換繞側面進打，甲隨繞時，即用右手如大鵬展翅，往斜上方挒去，自乙膊下至身跱左足用直勁，右足爲弓式，左右手皆能用，如圖是也。

斜飛式用法

海底針用法

第十五式　海底針用法

如乙手有力握甲右手腕不能脫開，甲用海底針，身足往囘縮勁，右手用力往下伸肱直送下，乙手力無能爲，海底針是也

第十六式　山通背用法

甲如海底針式，乙打來，甲由下往上用右手托乙右手腕，甲左手由下向前直推去手心向外，掌指向上，推乙身，右身側面，左足同時進步弓式，右足爲後直線，如圖是也。

山通背用法

第十七式 撇身捶用法

如上式乙自後面用右手打來甲速向右轉趾過來，右拳自上落下恰好壓在乙下膊上，甲隨伸左手就是一掌，如圖是也。

撇身錘用法

第十八式 抎手用法

甲如騎馬式，乙自前面，用右拳打來，甲用右手自左邊往右邊抎去，如乙用左手打來，甲用左手自右往左擺去，領進落空，乙力雖千斤，無所用矣，如圖是也，練法橫走，使法正面。

抎手用法

第十九式　高探馬用法

如乙伸出左拳，甲將左手自外繞至上邊，扣住乙左手腕處往回拉許，甲右掌自外方伸打乙面，如圖是也。

高探馬用法

第二十式　分脚用法

甲如高探馬式雙手握乙左膊，飛起右腿用脚面踢乙腹上，雙手速鬆乙膊，將乙踢倒，如用左分脚式，左邊亦用高探馬，起左脚而踢乙腹上，左右一樣可用，如圖是也。

右分脚用法

第二十一式　左轉身蹬脚用法

如乙自左後方來打，甲向左轉抬左右手分開，甲抬起左脚往乙蹬去，如圖是也。

左轉身蹬脚用法

進步栽捶用法

第二十二式　進步栽捶用法

如甲乙對敵時乙招脚踢甲的腿甲進左步右手捲拳往下直打乙踢腿七寸骨打脚面亦可左手注意備當乙上邊手爲要甲左足弓式右足在後如圖是也

第二十三式　翻身蹬脚用法

如乙自後方打來速退去，甲翻身見乙往回退，甲左脚先進一步，隨飛起右脚直踢乙胸前，甲手要分開，如圖是也。

翻身蹬脚用法

第二十四式　右轉身蹬脚用法

如甲坐伏式乙猛撲來，甲亦用雙手左右分開乙手，起右脚直踢乙腹上，如蹬人不可用勁，如圖是也。

注意　以上自分脚腿用時每式總叙一句，每式雙手如翅飛稱勁，脚須立好爲必要。

右轉身蹬脚用法

第二十五式　雙風貫耳用法

如乙用雙拳自前打，甲隨涵胸起雙拳，由左右外方繞經上方轉裏對打乙兩耳處，右足在前，左足在後，如圖是也。

雙風貫耳用法

右打虎用法

第二十六式　左右打虎用法

如甲乙二人靠右手時，甲左手扣住乙右手腕上按下，舉右拳要打乙項，爲右打虎式，右足弓式，左足蹬直，如甲右手扣住乙左手腕，甲舉左拳要打乙項，左足弓式，右足爲直線，爲左打虎式，此右圖是也。

野馬分鬃用法

第二十七式　野馬分鬃用法

甲乙對立如乙右拳打來，甲速進右步，乙拳未落之時，甲右手腕抬起掤乙膀根處，往斜上方用勁，左足在後直線，左手隨左腿亦可，左手押乙右掌亦可，如圖是也。

如甲乙對立乙起左手打來甲亦用左脚進一步乙手未落時即抬左手掤乙右膀根處向上方掤去右足蹬勁將乙扔倒

第二十八式　左邊玉女穿梭用法

如甲立乙自右前斜方打拳甲速換式當左足向前一步左手架乙膊甲右掌對乙打去右足在後蹬直如圖是也

左邊玉女穿梳用法

第二十九式　右玉女穿梭用法

如前式乙自後方打來甲向右方往後轉，右手掤上與身同時轉過，接乙右肘下往上掤起，然後用左掌推乙脅上，右足弓式，左足蹬直如圖是也。穿梭四個有左右不多敘。

右玉女穿梭用法

第三十式　單下式金鷄獨立用法

如甲單鞭下式乙自前打來，甲起身抬左手至前往上托乙膊右膝蓋隨手起時曲膝直頂乙小腹左足立直微曲如金鷄獨立是也，起左手，起右手，均可隨人所作，或用脚，或用膝，勿拘。

右金雞獨立用法

左金鷄獨立用法

第三十一式　左邊金鷄獨立用法

如上式乙用左手以直打來，甲速換式，金鷄獨立抬起左手曲直隔開乙手，甲同時左腿抬至曲膝用足尖踢乙小腹處，如左邊立式圖也，使法與練法不同。

第三十二式　迎面掌用法

甲如高探馬式，左手扣乙左手腕，如乙用力上挑甲隨將前右手回按乙膊往回領勁，使乙前伏，同時左掌心向上由元處直搁乙面門，左足前進半步，右足後爲直線，如圖是也。

迎面掌用法

第三十三式 摟膝指膛錘用法

如甲立式乙自前用拳直打，或用右足踢來，甲可用左手摟過膝外方，用右拳往前下方直打乙丹田氣海處，此爲指膛錘，如圖是也。

摟膝指膛錘用法

第三十四式 上步七星用法

甲立式乙用右手直打來甲用左單鞭式在乙肱上往下沉如乙回抽手時甲隨時用右手自己肱下打出爲上步七星錘，右足上步爲虛式，左足爲實，如圖是也。

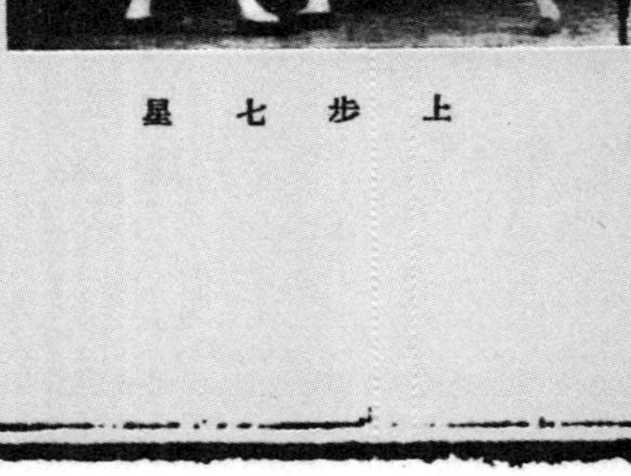

上步七星

退步跨虎用法

第三十五式　退步跨虎用法

甲如前式，乙雙手自左右两方一齊來打，甲將前右足抽回爲實，左足虛式，甲同時亦將雙手左右分開，當住乙雙手此爲開勁跨虎，如圖是也。

第三十六式　轉脚擺蓮用法

如乙用左拳打來，甲用雙手右在前，左在後，按乙膊用攌法往左邊採勁，甲同時飛右腿揚打乙胸，左足千萬立實，如圖是也。

倘敵自後打用轉身擺連腿亦好

轉脚擺蓮用法

第三十七式　彎弓射虎用法

如乙右掌打來勁大，甲隨用右手靠接住，同時左掌拂乙右肘，可用提勁往右高處粘提，將乙足根領活，然後甲用按勁向斜下打去，此是提高之圖是也。

彎弓射虎

太極用法祕訣

擎，引，鬆，放，　敷，蓋，對，吞，

以上三十七圖皆使用要法同志不可以爲浮言雖然解明與人對敵時亦許手法少易方向不可泥撮影至于千變萬化隨機應敵之時一手可變五手筆難形容同志須細心研究揣摸爲要蓋不離掤攦擠按採挒肘靠八法進退顧盼定五行也

太極者無極而生陰陽之母也　注意實行解說非作文章也

不動爲無極，已動爲太極，空氣磨動而生太極遂分陰陽，故練太極先講陰陽，而內包羅萬象，相生相克由此而變化矣，太極本無極生，而陰陽之母也。

動之則分靜之則合

練太極，心意一動則分發四肢，太極生兩儀四象八卦九宮，即掤攦擠按採挒肘靠進退顧盼定，靜本還無極心神合一，滿身空空洞洞，少有接觸即知。

無過不及隨曲就伸

無論練拳對敵無過不及，過逾也，不及未到也，過與不及皆失中心點，如敵來攻順化爲曲，曲者灣也，如敵攻未呈欲退，我隨彼退時就伸，伸者出手發勁也，過有頂之敝，不及爲丟，不能隨曲爲抗，不能就伸爲之離，謹記丟頂抗離四字，如功能不即不離，方能隨手湊巧。

人剛我柔爲之走我順人背爲之黏

比如二人對敵，人力剛直，我用柔軟之手搭上敵之剛直上，如皮鞭打物然實實搭在他勁上，他相捽開甚難，他交就是膠皮帶纏住他能放能長，如他用大力，我隨粘他手腕往後坐身，手同時不離往懷收轉半個圈爲之走化也，向他左方伸手使敵身側不得力，我爲順，人爲背，黏他不能走脫矣，昔有一軼事，有不法和尙砻頭者，與一人較，人知其用羊觝頭之法無敵焉，甚懼，其人見和尙新剃頭，忽想一法，去屋用濕毛巾一條飭焉，和尙施其法，此人用濕毛巾捽搭頭上往下一拉，和尙隨倒，是即以柔克剛之理也。

動急則急應，動緩則緩隨。

今同志知其柔化，不知急應之法，恐難與外功對敵，急快也，緩慢也，如敵來緩則柔化跟隨此理皆明，如敵來甚速柔化烏能取哉，則用太極截勁之法，不後不先之理以應敵，何爲截勁，如行兵埋伏，突出截擊之，何爲不後不先，如敵手已發未到之際，我手截入敵膊未直之時，一發即去，此爲迎頭痛擊，動急則急應此非眞傳不可。

雖變化萬端，而理爲一貫。

與人對敵，如推手或散手，無論何着數，有大圈，小圈，半個圈，陰陽之奥妙、步法之虛實，太極之陰陽魚，不丟頂之理，循環不息，變化不同，太極之理則一也。

由着而漸悟懂勁由懂勁而階及神明然非用力之久不能豁然貫通焉

着者拳式也，今同志專悟懂勁，故不能發人，先學姿勢正確，次要熟練，漸學懂勁，古人云，不揣其本而其齊其末，方寸之木，可使高於岑樓，此句先求姿勢後悟懂勁，不難而及神明，神明言拳精巧，豁然貫通，即領悟得拳奧妙，能氣行如九曲珠太極理通焉，非久練久熟，何能及此境耶。

虛靈頂勁氣沉丹田不偏不倚

頂者頭頂也，此處道家稱爲泥丸宮，素呼天門，頂勁非用力上頂，要空虛要頭容正直，精神上提，不可氣貫于頂，練久眼目光明，無有頭痛之病，丹田在臍下寸餘即小腹處，一身元氣總聚此地位，行功如氣海發源，環流四肢，氣歸丹田身與氣不偏倚，如偏倚，猶磁瓶盛水瓶歪倒，則水流出矣，丹田偏倚，則氣不能歸聚矣，此說法佛家稱舍利子，道家爲練丹，如此練法氣壯多男，工久外有柔軟筋骨，內有堅實腹臟，氣充足，百病不能侵矣。

忽隱忽現左重則左虛右重則右杳

隱者藏也，現者露也，隱現之法，與人對敵，猶神明難測之妙，如敵來擊至我身，我身收束爲忽隱使敵不能施其力，如敵手往回抽時，我隨跟進爲忽現，敵不知我式高低上下，無法敵當我手，練太極如河中小船人步臨其上，必略偏忽隱，又裹步必隨起，忽現，猶龍之變化，能升能降，降則隱而藏形，現能飛升太虛興雲吐露，此理言太極能高低，隱現即忽有忽無之說重者不動也，與人對敵不動可乎，如用拳必以身體活動，手脚靈捷，然後可以迎敵，敵如擊我左方，我身略偏虛無可逞，擊我右方我右肩往收縮使其拳來無所着，我體靈活不可捉摸，即左重左虛，右重右杳。

仰之則彌高，俯之則彌深，進之則彌長，退之則愈促。

仰爲上，俯爲下，敵欲高攻，吾即因而高之而不可及，敵欲押吾下因而降使敵失其重心，與己說，仰之彌高眼上看，心想將敵人擲上房屋，俯之彌深，想將敵人打入地內，班侯先生有軼事，六月某日在村外(即北方收糧地方)塲乘凉，突來一人拱手曰，訪問班侯先生居處，答吾即楊某也，其人疾出大食中三指擊之，班侯師見塲有草房七尺高，招手說朋友你上去罷將其擲上，又言請下罷速回醫治，鄉人問曰何能擲其上，曰，仰之彌高，鄉人不解其說，北方有洛萬子從學焉，習數年欲試其技，班侯師曰將你擲出元寶式樣可乎，萬笑曰略試之，較手如言两手两脚朝天，右胯着下如元寳形，入地不能，將胯摔脫矣，醫好至今腿瘸顚跛，此人拳甚好其人至今還在，常曰俯之彌深利害極矣。

進之則愈長退之則愈促。

長者進也，促者迫也，與人對敵時，可進不可退，伸手長勁，我手愈進愈長，不進則短，我擊敵，敵退時我進身跟步，促迫敵不能逃也，敵不逃脫我爲順敵爲背，可能施其機，總言之即粘連黏隨之意義矣。

一羽不能加蠅虫不能落。

練工久感覺靈敏，稍有接觸即知，獨如一鳥毛之輕，我亦不馱，蠅虫之小亦不能着落我身，即便着落琉璃瓶內，光滑不能立足，我以化力，將蠅足分磋矣，如此可謂太極之功成矣，昔班侯先生有一軼事六月行功時，常臥樹蔭下休息，或有風吹一葉落身上不能存留，隨脫流而落地下，自常試己功，解襟仰臥榻上捻金米（即小米）少許置與臍上，聽呼一聲小米猶彈弓射彈一樣，飛射瓦屋頂相接，班侯先生之功可爲及矣，同志宜爲之。

人不知我我獨知人英雄所向無敵蓋皆由此而及也。

與人對敵，不出有一定架式，使敵無處入手，如諸葛用兵或攻或守敵莫能預測，諺云不知我葫蘆賣的是什麼藥，敵不知我練太極有審敵之法，如搭手素熟懂勁，我手有靈動知覺，敵手稍動我早知來意，隨手湊巧以發即出，如離遠用審敵法，以望即知其動作，兵法云，知己知彼百戰百勝，英雄所向無敵，蓋皆由此而及也。

斯技旁門甚多。雖勢有區別。概不外乎壯欺弱。慢讓快耳。有力打無力。手慢讓手快。是皆先天自然之能。非關學力而有也。

雖拳類繁多，各門姿式用法不同，總而言之，蓋注重手快力大則一也，此種說法，人生就有，非學得也，各拳著名人亦甚多，但未有太極之理之精微奧妙也。

察四兩撥千斤之句。顯非力勝。

聖人云以力服人者，非心服也，學藝能無力打有力，手慢勝手快，以巧治敵，能使人實地心服，亦不愧學藝之苦心矣，練太極能引進落空，雖千斤力無所用矣，能靈活才有落空之妙，能引進落空，四兩撥千斤之妙得矣，昔有一軼事京西有富翁莊宅如城，人稱為小府張宅，其人愛武家有鏢師三十餘人，性且好學，聞廣平府楊祿禪名著，托友武祿青者往聘，及請至，張見其人瘦小身未五尺，面目忠厚，身衣布衣，遂招待其禮不恭，讌亦不盛，祿禪先師會意，遂自酌自飲不顧其他，張不悅曰，常聞武哥談先生盛名，不知太極能打人乎，祿禪知謙不成，遂曰有三種人不可打，張問何爲三種，答曰，銅鑄的，鐵打的，木作的，此三種人不容易打，其外無論，張曰敝舍卅餘人冠者劉教師，力能舉五百斤與戲可乎，答曰無妨一試，劉某來式猛如泰山，拳風颯聲，臨近，祿禪以右手引其落空，以左手拍之，其人跌出三丈外，張撫掌笑曰，先生眞神技矣，遂使廚夫，從新換滿漢盛讌，恭敬如師，劉力爲牛，不巧安能敵手，由此知彼顯非力盛，之能爲功也。

觀耄耋能禦衆之形，快何能爲

七八十歲爲耄耋，能禦衆人，指練拳言，不練拳，即年壯，敵一二人難矣，用功人自學拳日起，至老未脫功夫，日久筋骨內壯，氣血充足，故七八十歲能敵衆人，猶戰定軍山老黃忠言，人老馬不老，馬老刀不老，其言甚壯，練太極拳人老精神不老，能敵多人，概此意也，昔建侯太師遺事，有日天雨初晴，院泥水中一小路，可容一人行，門生趙某立其間觀天，不知老先生自屋出，行趙後焉，欲爲戲伸右膊輕輕押趙右肩上，趙某覺似大樑押肩，身灣曲側坐，移出路，老先生笑而不言，行出，又一日足立院中言與衆捕爲戲，有門生八九人齊擁上來，見老先生幾个轉身，衆人齊跌出，有丈餘的亦有八九尺遠的，老先生年近八十，耄耋禦衆，非妄言也，快何能爲，此快字言無着數之快謂之忙亂，忙亂之快無所用矣，非快不好，快而有法然後可用矣。

立如平準。活似車輪。

立如平準，即立身中立不偏，方能支撑八面，即乾坤坎離巽震兌艮即四正四斜方向也，活似車輪言氣循環不息，古人云得其環中以應無窮，腰如車軸四肢如車輪，如腰不能作車軸，四肢不能動轉，自已想使車軸轉，可多澆油腰軸油滿方好，同志細細體會，自得之，勿須教也。

偏沉則隨。雙重則滯。

前說有車輪之比，猶如用一脚蹬輪偏，自然隨之而下，何爲雙重猶如右脚蹬上右方，左脚蹬上左方，两力平均自滯而不轉動，此理甚明，勿須細說。

每見數年純功不能運化者。率皆自爲人制。雙重之病未悟耳。

最淺解説，同志得許多宜處，譬如有幾人練太極日日用功五六年，與人較反被敵制，同志問曰你用功五六年可為純工矣，何其不勝，請表演十三式觀之，見其練法騎馬坐膽握拳怒目咬牙，力大如牛，氣也未敢出，此為雙重練法，同志笑曰，尊駕未悟雙重之病耳，又一人曰，我不用力練五六年，為何連十歲頑童也打不倒，同志請其演十三式，見其練法毫不着力，浮如鵝毛，手足未敢伸，眼亦未敢開大，同志笑曰，尊駕為雙浮悞矣，雙重為病，雙浮亦為病，衆笑曰，却實練法何能得之。

須避此病。

雙重雙浮之病，須避此病，現今易耳，有此拳書容易知之，此書閱法先閱一遍，拳理甚多，不能一閱就全懂，日後可練十日拳閱一日書，慢慢此書功效大著矣。如有一節悟明料難，可問高明老師可也。

須知陰陽粘即是走走即是粘陰不離陽陽不離陰陰陽相濟方為懂勁

陰陽即虛實，總而言之，粘連走化懂敵之來勁，前解甚多不必多敘。

懂勁後愈練愈精默識揣摩漸至從心所欲

能懂敵之來勁，加以日日習練即久練久熟之意，揣摩就是悟想老師教的使用法，極熟，出手心想即至，從心所欲得之矣。

本是捨己從人

與敵對手，知要隨人所動，不要自動，吾師澄甫先生常言由己則滯，從人則活，能從人便得落空之妙，由己不能由己，能從人就能由己，此理極確實，極奥妙，同志功夫練不到此地位，恐不易知耳，此說極明顯，佛經云，我說牛頭有角，即明顯之意也。

多誤捨近求遠所謂差之釐毫謬以千里學者不可不詳辨焉是爲論

與敵對手，多是不用近，而用遠，靜以待動，機到即發爲近，出手慌忙，上下尋處擊敵爲遠，太極之巧，分寸之大，釐毫之小，所以不可差也，如差釐毫，如千里之遠，練拳對手同志不可不注意焉，此先師王宗岳傳太極拳之要論。

審敵法

與人對敵先觀其體格大小，如身體大必有笨力，我以巧應之，如其身體瘦小必巧，我以力攻之，此爲遇弱者力取，遇强者智取，無論其人大小，如彼高式，我可以低式，如彼低式，我可以高式，此爲高低陰陽之法也。

欲觀敵力之動作先觀其眼目情形，次觀其身手，如敵想用打拳，先觀其肩尖必凸起或觀其後撤如敵欲用脚蹬，其身必先戾，理之所在以定情形，如能先知，何其不勝，如敵喜色交手，我以柔化之，如敵怒目突來其心不善我用力十分擊之，此爲出乎衛者，反乎衛者，望敵無怨，練太極人先禮後兵。

與人對敵出乎快慢不等，如敵手慢我使沾連黏隨手，如敵手快亂打，我心要靜，胆要壯，觀其最後來近之手，我專注一方或左右化之而還擊，常言不慌不忙順手牽羊，爲太極動急則急應，動緩則緩隨之理。

與人對敵其法不一，如敵來近，上搭手下進步，走即粘，粘即走，如敵竄躍爲能不敢來近，我以十三式擇一式等之，不要逐其竄躍，如虎待鹿之理，敵爲卦外之行走，我爲太極之中點，我主靜穩也，敵主動燥也，燥火上升而不能忍，十分鐘定來攻擊，此爲相生相克，敵不難而入內圈矣，此太極生兩儀四象八卦定而不可移也。

太極用功法有三，分天盤，人盤，地盤，先練順，次練勁，後練巧，先開展，後緊湊，如此練法然後可用矣。

此書解說許多笑談，以助同志習拳之精神，文字雖粗拳理實傳，其談雖笑，其事却然，非敢荒言以欺諸君也，同志按書練習得其道矣。

評論

有人言文武當老師，其傳必留一手不傳，我言之則不然，無論學文學武，有朋友學，有門生學，兩說，爲朋友久而能敬，爲門生百年不忘師傳，無論文武爲師，不盡心相授，是無天理，惟練武人以義氣當先，未盡所學半途而廢，如說爲師不肯盡授，留一手之說，此理甚怪。

論太極不在外形之姿式全在內理勁與氣耳理通之後自悟神而化之可成全功

（一）八門五步

掤南	攦西	擠東	按北	採西北	挒東南	捌東北	撑西南	方位
坎	離	兌	震	巽	乾	坤	艮	八門

方位八門乃爲陰陽顛倒之理周而復始隨其所行也總之四正四隅不可不知也掤攦擠按是四正之手採挒捌撑是四隅之手合隅正之手得門位之卦以身分步五行在意支撐八面五行進步退步左顧右盼定之中土也進退爲水火之步顧盼爲金木之步以中土爲樞機之軸懷藏八卦

脚五行手步八五其數十三出乎自然十三勢也名之曰八門五步

(二)八門五步用功法

八卦五行是人生成固有之良必先明知覺運動四字之根由知覺運動得之後而后方能懂勁由懂勁後自能接及神明矣然用功之初要知知覺運動雖固有之良亦甚難得於我也

粘黏連隨

粘者提上拔高之謂也　黏者留戀繾綣之謂也　連者舍己無離之謂也　隨者彼走此應之謂也

(要之人之知覺運動非明粘黏連隨不可斯粘黏連隨之功夫亦甚細矣)

頂匾丟抗

頂者出頭之謂也　匾者不及之謂也　丟者離開之謂也　抗者太過之謂也

(要知於此四字之病不但粘黏連隨斷亦不明知覺運動也初學對手不可不知也更不可不知此病所難者粘黏連隨而不許頂匾丟抗是所不易也)

對待無病

頂匾丟抗失於對待也所以謂之病者既失粘黏連隨何以得知覺運動既不知己焉能知人所謂對待

不以頂匾丟抗相對於人也要以粘黏連隨等待人也能如是不但對待無病知覺運動亦自然得矣可以進於懂勁之功矣

對待用功法守中土（俗名站樁）樁当是桩字谐音之讹

定之方中足有根　先明四正進退身　掤攦擠按自四手　須費功夫得其眞
身形腰頂皆可以　粘黏連隨意氣均
運動知覺來相應　神是君位骨肉臣　分明火候七十二　天然乃武並乃文

身形腰頂

身形腰頂豈可無　缺一何必費功夫　腰頂窮研生不已　身形順我自伸舒
舍此眞理終何極　十年數載亦糊塗

太極圈

退圈容易進圈難　不離腰頂後與前　所難中土不離位　退易進難仔細研
此爲動功非站定　倚身進退並比肩　能如水磨催急緩　雲龍風虎象周旋
要用天盤從此覓　久而久之出天然

太極上下名天地

四手上下分天地　採挒掤擠有由去　採天擠地相應求　何患上下不旣濟
若使挒掤習遠離　迷了乾坤遺歎惜　此說亦明天地盤　進用掤挒歸人字

八五十三勢長拳解

自己用功式式用成之後合之爲長滔滔不斷周而復始所以名長拳也不得有直勁恐日久入于滑拳也又恐入於硬拳也決不可失其綿軟周身往復精神意氣之本用久自然貫通無往不至何堅不摧也於人對待四手當先亦自八門五步而來站四手四手碾磨進退四手中四手上下四手三才四手由下乘長拳四手起大開大展練至緊湊伸屈自由之功則升至中上成矣雖綿有剛

太極陰陽顚倒解

陽乾天日火離放出發對開臣肉用器身武立命方呼上進隅陰坤地水月坎卷入蓄待合君骨體理心文盡性圓吸下退正蓋顚倒之理水火二字詳之則可明如火炎上水潤下者水能使火在下而用水在上則爲顚倒然非有法治之則不得矣譬如水入鼎內而置火之上鼎中之水得火以然之不但水不能下潤藉火氣水必有溫時火雖炎上得鼎以隔之是爲有極之地不使炎上炎火無止息亦不使潤下之水永

滲漏此所謂水火既濟之理也顚倒之理也若使任其火炎上來水潤下必至水火分爲二則爲水火來濟也故云分而爲二合之爲一之理也故云一而二二而一總斯理爲三天地人也明此陰陽顚倒之理則可與言道知道不可須臾離則可與言人能以人弘道知道不遠人則可與言天地同體上天下地人在其中矣苟能參天察地與日月合其明與五嶽四瀆華朽四時之錯行與草木並枯榮明鬼神之吉凶知人事之興衰則可言乾坤爲一大天地人爲一小天地也天如人之身心致知格物於天地之知能則可言人之良知良能若思不失固有其功用浩然正氣直養無害攸久無疆矣所謂人身成一小天地者天也性也地也命也人也虛靈也神也若不明之者烏能配天地爲三乎然非盡性立命窮神達化之功胡爲乎來哉

太極分文武三成解

蓋言道者非自修身無由得也然又分爲三乘之修法乘者成也上乘即大成也下乘即小成也中乘即誠之者成也法分三修成功一也文修於內武修於外體育內也武事外也其修法內外表裏成功集大成即上乘也由體育之文而得武事之武或由武事之武而得體育之文即中乘也然獨知體育之文而不知武事而成者或專武事而不知體育而成者即小成也

太極輕重浮沈解

雙重爲病，干於填實，與沈不同也。雙沈不爲病，自爾騰虛，與重不一也。雙浮爲病，祗如漂渺，與輕不例也。雙輕不爲病，天然淸靈，與浮不等也。半輕半重不爲病，偏輕偏重爲病。半者，半有著落也，所以不爲病。偏者，偏無着落也，所以爲病。偏無着落，必失方圓。半有著落，豈出方圓。半浮半沈爲病，失於不及也。偏浮偏沈，失於太過也。半重偏重，滯而不正也。半輕偏輕，靈而不圓也。半沈偏沈，虛而不正也。半浮偏浮，茫而不圓也。夫雙輕不近於浮，則爲輕靈。雙沈不近於重，則爲離虛。故曰上手。輕重半有着落，則爲平手。除此三者之外，皆爲病手。蓋內之虛靈不昧，能致於外氣之淸明，流行乎肢體也。若不窮研輕重浮沈之手，徒勞掘井不及泉之嘆耳。然有方圓四正之手，表裏精粗無不到，則已極大成，又何云四隅出方圓矣。所謂方而圓，圓而方，超乎象外，得其寰中之上手也。

太極血氣根本解

血爲營，氣爲衛。血流行於肉膜膈，氣流行於骨筋脉。筋爲骨之餘，髮毛爲血之餘。血旺則毛髮盛，氣足則筋壯。故血氣之勇力，出於骨毛皮之外壯；氣血之體用，出於肉筋之內壯。氣以血之盈虛，血以氣之消長。消長盈虛，周而復始，終身用之不能盡者矣。

太極尺寸分毫解

功夫先練開展後煉緊湊開展成而得之纔講緊湊緊湊得成纔講尺寸分毫由尺進之功成而后能寸進分進毫進此所謂尺寸分毫之理也明矣然尺必十寸寸必十分分必十毫其數在焉故云對待者數也知其數則能得尺寸分毫也要知其數必秘授而能量之分毫內即有點穴功也

太極槍得傳歷史序

張眞人三峯祖師，修道武當山，靜時打座練神歸元，動則雲遊三山五岳，眞人每日早時，至山頂極靜處，採取天地之精華靈氣，呼吸運用，有一日眞人忽見西方，接雲山靈霄峯，金光萬道，瑞氣千條，纒繞飛舞太虛，眞人遂往視不見，遂落金光處尋找，有青溪洞，至洞口，內出兩條金蛇閃目來奔，眞人將拂塵一拂，金光遂落，視之原來是二根長條鎗，約長七尺五寸，像籐非籐，似木非木，其性刀劍不可傷，綿硬如意，內生寶光，進內細尋有書一卷，題曰太極粘黏鎗，有緣傳世上，得了書中理，奧妙去推詳，書中言辭皆詩詞歌賦，鎗理奧妙，大概吾人不得而知，張祖師將字字拆開詳明，化爲一式一式，人人均可從事習學。

太極粘黏十三鎗

四散鎗

粘黏四鎗

擲摔搶四鎗

纒鎗一路

二人對練法

每式使用要法

每鎗變化若干式後面皆一一詳明單練法眞人以爲留傳世人永久受用云

太極散鎗名稱

第一鎗　怪蟒鑽窩

第二鎗　仙鶴搖頭

第三鎗　鷂子擒雀

第四鎗　燕子穿簾

太極散鎗解

第一鎗　分心就刺似怪蟒

第二鎗　仙鶴搖頭斜刺膀

第三鎗　鷂子捕雀刺足式

第四鎗　飛燕投巢刺面上

第一圖說明

甲起式面向東直立如撒網式雙手提鎗左手在前右手在後鎗形斜向下左方對手時要提起全身精神虛靈頂勁氣沉丹田遂將鎗雙手抬平以意運氣向敵人心窩刺去雙手伸至將直未直爲標準兩足亦然身向東南斜對如圖是也

乙初起式面向西直立如甲式一樣甲鎗來至腹近時乙遂將鎗尖略向西北上方斜起右足略退半步鎗隨身望回抽

乙　甲

第二圖說明

甲隨乙鎗往回抽時甲同時隨乙鎗底下繞半個太極圈直刺乙膀足同時往前邁步不可散亂身法乙即速往回退步左膀往外扭身法蓄勁鎗尖向西南上方斜直往外撥去躲過鎗鋒如圖是也

乙　甲

第三圖說明

甲隨乙往外撥時甲鎗換式由上方灣刺乙足如圖是也

乙隨甲刺足時速將足往回退步乙鎗隨甲鎗往裏撥去乙鎗尖往下斜伸如圖是也

乙　甲

第四圖說明

甲鎗隨時返刺乙面足往前上步雙手一氣協助鎗力如圖是也

乙見甲鎗刺來乙步往回退步身側蓄勁雙手將鎗尖斜立向上方往回抽勁如圖是也

乙　甲

以上爲散鎗甲刺完四鎗乙然後可上步還擊四鎗如甲刺相同甲換退步如乙撥法一樣爲甲乙連環往復四散鎗

用法日久鎗力敏捷

你鎗扎　我鎗拉　你鎗不動　我鎗發　你鎗來似箭　我鎗撥如電　你鎗金鷄亂點頭　我鎗撥草尋蛇也不善

粘黏鎗第一路說明

初起式甲面東乙面西對立持鎗式與散鎗漁人撒網式一樣對鎗時與散鎗刺法两樣亦得提起精神此身法虛靈頂輕鎗尖刺去亦要輕靈敏活然後設己鎗從人鎗換式我鎗纏繞順式接接續第一式甲提鎗進步刺胸部第一式乙隨提鎗粘連黏接甲鎗步乙退一步乙鎗向上斜直雙手持鎗隨身步望後粘黏抽勁如圖是也

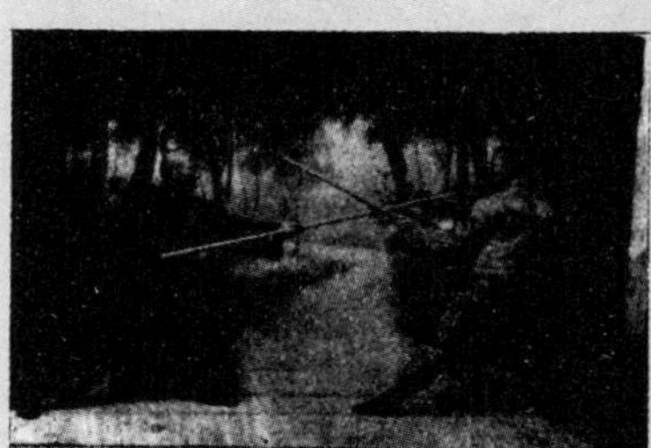

乙　甲

粘黏鎗第二路說明

甲隨乙鎗往囘抽時遂上步粘繞繞直刺乙腿上乙見甲鎗刺來縮蓄身退步乙鎗隨下連往外領去鎗不離開鎗勁要綿柔才能粘隨如上圖是也两鎗形皆斜下方

乙　甲

粘黏鎗第三路說明

甲隨乙往外領鎗時甲上步鎗上刺膀尖刀要綿軟如圖是也乙隨甲鎗不離退步綿撥甲鎗閃過鎗鋒落空如圖是也乙鎗鋒向上

乙　甲

粘黏鎗第四路說明

甲鎗自下轉裏上步又刺咽喉鎗不離鎗直刺如圖是也乙隨甲鎗不離一線速退步側身雙手往回攌勁撥甲鎗鋒落空如圖是也

乙　甲

以上用粘黏刺完乙隨時不離上步還擊四鎗一鎗心二鎗腿三鎗膀四鎗咽喉如甲一樣刺法甲退步如乙一樣走法如前圖是也

太極採鎗圖說明

初式甲乙對立左足在前鎗斜式第一式乙提鎗直刺甲胸部甲見鎗刺來時甲速將鎗如擴法[illegible]下採身法要合勁如中可將乙的鎗採落地下此爲採鎗如圖是也

乙　甲

太極捌鎗圖說明

太極斜刺甲腿甲隨時將鎗斜下左腿往前弓勁右足用勁蹬直以助兩手兩手以助鎗勁勇猛往外捌勁可將乙鎗脫手飛出五六丈遠此爲捌鎗如圖是也

乙　甲

太極擲鎗說明

乙鎗直刺甲膀。甲鎗招起。靠接乙鎗前手近處。身法往外托勁。兩足蹬勁。雙手向身前望外斜向上擲摔出去。可以連人帶鎗擲出丈餘。此非身手一家。氣能鼓盪。勁如湧泉。才可做到。如圖是也。

甲槍在上。交叉在身右。

乙　甲

太極鏇鎗說明

乙鎗直刺甲咽喉。甲遂將身畧斜。雙手掤鎗向身前上方鏇擲。眼望上看。仰之彌高。亦要兩足蹬勁。可以將乙擲出往後退十幾步外。人重有百斤。如何能擲出丈餘。此非邪道迷信。功久自知。人人皆可練到。方信非說謊言也。

甲槍在下。正交。

乙　甲

此四鎗皆二人對手單練使用的要法子。甲乙無論先後皆可。每一式一式單練。各不相連。以十二鎗敘完。又有一路纏鎗。

太極左右纏鎗法

乙爲纏鎗圖

乙用纏鎗圖

太極纏鎗一路說明

此鎗更有輕靈奧妙，內有千變萬化總歸一理，爲纏鎗，外人看著一路式，不知裏藏八卦內含五行，散鎗內可用，粘黏鎗亦可用，擲鎗亦可用，知八卦五行十三鎗，天盤地盤內裏藏，練法要自然，用法要輕靈，捨己從人能粘連，進退上下相貫串，不丟不離纏繞之法如長江，目視曠野天無涯，腹內鬆淨如大海，手足相隨能進退，腰如車軸氣能盪，含胸拔背身內藏，以氣會意鎗剛强，至柔乂至剛，同志細思詳。

如鎗以意運氣練法，功久鎗桿上如有電力相似，與敵相接便知來意。不丟不頂，粘連走化神妙至矣。

祖師楊祿禪軼事

祖師楊儒禪師，自得秘傳，心性和平，爲人忠厚，家有餘資，與朋友疏財仗義，有一日一某姓朋友，求楊老師借用銀洋一百元以爲度用，明年奉還，儒禪師故意戲曰，如借我錢自得一許，你可雙手握我鎗，將你挑上瓦房，你如占足不穩，你借無效，某乃許，如法作去，祖師以意運氣將鎗一抖，某姓起上瓦房，心內驚癡，立如木人，身形前俯式，祖師笑爲扶梯，某姓遂下曰，其驚不少，祖師笑曰，故與戲耳，遂付洋一百元，其人歡喜而去。

楊健侯太師軼事

昔西安有達官季四者嗜技擊而好學聞楊氏得武當秘傳至京延先生館其家從學月餘畧窺拳法鎗劍運用之妙時以靜勝柔克之說爲談助先生之名因以益著時秦有王大力者號紅店客能舉五百斤日行三百里善大刀好大鎗藝冠秦中授徒五百餘聞季之言意不信也走求與先生較先生謝曰王教師苦功積久吾不如也王以先生爲怯固請之且曰太極拳則久聞之矣太極鎗亦可用乎先生不獲已笑頷之乃俱取鎗入院王則力刺先生胸先生側身擺之王扣鎗便按仍蹈虛王抽鎗回先生乃乘其回勢用鏈鎗式震之王不覺已鎗直如炷香自傷其顏仰跌六七步外起謝曰今而後知先生之神力也盡棄其學而學焉久而不怠遇高明能學不媢王亦不愧爲豪傑矣

單人用功法

同志好武實符講求體育適合衛生之旨練習工夫宜每早晨日將出時尋清淨地點可得新鮮空氣將濁氣放出然靜心息慮雙手持鎗東西南北均可左手在前右手在後兩足騎馬式第一式右手以意會氣將鎗直擱向前斜上方前足作弓式右腿直線足根不可欠起第二式將鎗合勁抽回往下扣身法往下坐提頂懸膽爲太極之練勁右手可以練二百式然後換式左手亦可練二百式左右之力可以平均身體一樣發達

又一練法

可以找一茂盛樹林內每天練一次練法騎馬式雙手持鎗粘靠樹上直去一百式亦可上下刷勁一百式左右皆可練習不可用鋼勁可用粘勁工久樹枝可以搖動

單練對練用功純熟

又變化各種秘法

有三轉九花金鷄亂點頭(身前後合勁)

遇敵必勝回馬鎗（敗中取勝）

八步趕船追命連環鎗（足尖點地）

撥草尋蛇鎗（兩膀左右分勁）

紛紛瑞雪梨花鎗（練此不易）

蛟龍擺尾掃地鎗（在腿腕）

太上壓頂鎗（此鎗自上而下）

圓轉如意鎗（從心所欲）

十三鎗外變出八鎗用功日久自得之

自上古三皇治世歷代用武莫不以鎗爲先故鎗爲長兵刃之祖劍爲短兵刃之祖練武鎗劍不可不學鎗有銅鎗鐵鎗自古名稱甚多長短不一長有一丈餘的八九尺的惟太極鎗長七尺五寸今同志用七尺亦可鎗法忽上忽下忽收忽放出去如箭收回如線眞有神出鬼沒之奇仙人難測之妙如鎗活活潑潑柔如長蛇飛舞時能如梨花雪片紛飛眞我國國粹世傳之秘寶也

鎗分採　挒　靠　去　攦　擲

雜說

有人欲學拳，問我內功拳好，外功拳好，我說自古武聖人所傳之拳皆好，全在得傳與否耳，又問曰，武當拳好，少林拳好，我說你願學武當練太極拳可也。你願學少林拳練少林拳可也，隨各人所好而學可也。

有人問太極拳幾年學好，我說同志練拳，不可以共論也，老師傳拳一樣傳法，各人性情不同，有一兩年學好的，有三五月學通的，亦有學十年，二十年，不明白的，好拳不在身之高低，又不在年歲之大小，全在各人聰明耳，我學拳十有五年，常常願求學兩位老師也。

楊家傳出的太極拳爲正宗

學拳秘法

重拳重老師眞傳自得之輕拳輕老師毋須枉費力也

祿禪師軼事

祿禪師在京時有一會點穴拳者聞名欲較及試其技祿禪師速抄其腕用抓筋法敵手不能伸指又隨上提敵前足離地師曰勿負能念你多年苦功不然你骨肉斷矣其人深敬服

(一)王宗岳先師傳浙東河南浙東早已失傳河南陳家溝後傳楊祿禪繼傳至今五十年以內會太極拳者多是楊家傳的又說永年縣豈獨楊家耶雖有好者亦曾授業于楊班侯門下十餘年矣所以練太極無出於　楊老師右者也

昔北京有一練貫脚壯者，踢鉄蹶功十二年，與班先生較，其人攻擊，上使拳打，下用脚踢，班侯先生戲其人，用左右倒輦猴化之，及無退處，班侯側身先用高探馬，以引其雙手，復用如封似閉，將敵跌出丈餘，其人起曰楊先生眞神技矣。

(一)說太極不能使用前北京天下英雄所聚處人稱班侯先生爲楊無敵如說不能擲人蓋功夫未到耳勿說太極拳不能用也

(一)不要懼牛力巧內功不能勝大力者何必練拳千斤落空無所用矣

董英傑傳拳秘法　練功　操練

用太極要知

天時　地理　人和

天時法對敵時自己早不面東中不面南晚不面西自己不對日光爲是地理法對敵先觀地形寬窄高下自己占底處相宜人和法雖較要客氣不必失義氣

謹防敵人虛悗之手

太極分文武

太極能養身不能打敵文功也能打人不會養身武功也（軟太極法方是眞太極用法）能教人養身又能對敵修養使用兼全爲文武完全太極

(一)練太極有靜坐養神法行動活血法

(一)人之强弱以氣血爲主楊老師的拳開展暢舒最能舒筋活血身體弱者練楊老師的拳功効頂大

(一)前幾十年人人皆是輕武重文若將讀書有半的功夫移練武術當可反弱爲强今國家提倡武術人人從事體育心開放了以後定有不可限量武術大家從此人人注重武術了

(一)有此太極拳書即爲証書書皮裏可寫本人姓名知是楊傳同志有此書者楊老師無不盡力指導一切歡悅教授

今太極拳各樣子甚多同志難以分淸敬告一法可知無論何人傳的能柔能剛能舒筋活血就對還有一文武驗法觀其兩膊皮膚甚軟骨肉甚沉重就對為文知法論使用法能用太極万法姿式不亂從從容容將人跌出就對為武知法若用力亂打雖勝為僥倖定非眞傳不足為法同志容易辨論太極也

太極拳有分筋挫骨之手，有點血之手，有陰手，有陽手，有五行手，有入骨拳，有刻心捶，有服虎肘，有貼山靠，有鴛鴦腿，有刀掌劍指，有刁拿手，有隔山打牛之能力。（此非眞打牛言皮膚無痛而內受傷矣。）

太極為內家拳，俗稱內功拳，拳術門頂利害是內家拳，如同志學成功之後，千萬留一分善念，不可輕易用毒手打人，勿負先師遺教也。

太極拳術盛行于國中今之學拳者莫不以練太極為最高但所學各人目的不同有鍛鍊身體者無論何人教皆可

目的有學使用法非高明者教不可

練太極拳能轉弱為強却有反老還童之功欲拳速成功謹忌煙酒色宜有節起居定時各種損身嗜好不可多有

傳拳始自武當少林兩派，至今還是分門別戶的，同是少林寺傳出，分百餘派，武當山傳出的，至今分派亦不少，若說合一，實所不能作到的，若就太極拳而論，概多數是楊祿禪師以後傳下來的，今竟分東派西派，各自贊美，初學人是難分清的，我亦說我的拳好，究竟那個好，理想知道各姿式不同，有說長力的，有說長巧的，無論如何，太極拳理不能兩說也，不得眞傳，不知所以然也。

(一)學拳之法有二，作朋友年歲相當亦可學拳，拜老師亦可學拳，有恒心皆可學拳成功也。

(一)拳術敎不敎，全在學拳人，不在老師，略如言之，近人盛知太極好，有心想學，又恐老師不眞傳，未入門先懼三分，老師雖欲傳，烏何能哉，多學家，半途而廢，同志祇知咎其師不傳，不知問其自己不學，以爲說老師不傳者戒，比仿劉備欲請孔明，未審肯出山否，初請，再請，三請，孔明欲不出，安得能乎，以爲學者法，願同志普及太極拳者慮。

(一)學一種好東西，是要費點精神的。

(一)看書得到易處，莫託言己能，勿負作者苦心也。

楊老師傳拳很公開的，授人同是一樣教法，何以有優劣不等，蓋人人性質不同，聰明不同，授法悟通與否不同，蓋太極理甚深，非一日能懂，陞階有級，老師授法，一叠一叠來的，若未學到奧妙，半途而廢，若說老師不眞傳，誠爲謬說，日淺功淺，就說出金石之言，亦不懂的，慢慢繼續進學，莫有不敎之理也。

楊老師有一日行樂，演使用法，與人王保還搭手，用按法，將其人跌出三丈餘外，眞有奇觀，老師之使用法，與敵人搭手，敵人足下如無根，即站立不定，看楊老師面貌極從容，手足極輕靈，只以抬手，敵跌出如射箭之速，楊老師的拳，眞妙極了，人人莫不敬服。

太極本爲內家拳，如姿式正確，內理明白，即是太極拳，如姿式不正確，內理不明白，雖姿式類太極，與外家拳無異也。

自古之拳，定不傳得寶，忘師之人，日後能不忘師傳，定得眞傳，可無疑焉。

(一)練太極拳，學使用法爲必要，同志欲鍛練身體者，亦必學使用法，如不學使用法，無趣味，多有半途而廢者，以致有阻身體强壯進步，如學會使用法，並非無故打人，可與朋友研究妙理，你打我化，我打你應，滔滔不絕，各種變化，生生不已，知道太極拳有無數變化，手舞足蹈之樂，日日幸趣增加，繼續不忘之樂，年年練習，身體由此而强壯，練身必學使用法，而況有心對敵乎，所以同志練太極拳，必定學使用法可也。

(一)練太極拳提倡武術　　(一)練太極拳轉弱爲强

(一)練太極拳發育體格　　(一)練太極拳多活十年

(一)此書前十三式，七十八個姿式，九十四個練法圖，同志初學拳，按圖能以學拳，學會就懂的用法，此書好極了。

(一)此書後三十七圖，皆二人對敵實習法。

(一)同志練拳，無論武當，少林，成功後，切不可目中無人，妄自高傲，常言人外有人，天外有天，能人背後有能人，理之當然也。

自古拳術一門不以錢財爲重，要以義氣當先，與老師三五百元亦可，不與老師一文錢，老師一樣喜歡的，朋友之情始終如一。

三人同行必有我師，十室之邑必有忠信，學太極同志，皆我師也，朋友講論，全在自悟。

有說一力强十會　　(有禮)

我說一巧破千斤　（不錯）

原譜與解說分佈書內，似乎次序紊亂，此次作書均分放在相當地點，學拳同志得意處豈淺鮮哉，講義在前後，原不可拘也。

蓋聞欲得非常之寶者，必有非常之功用，求非常之功用，必有非常能識之人指導之，昔有趙璧，無和氏不能知其寶，雖有千里馬，無伯樂誠難知其奇，天地之大，珍寶繁多，視物不能及師曠之聰，可不惜哉，欲求寶者，至在目前，猶恐不視耳，譬學體育者不學我國寶，化數千金而赴歐美者，豈不舍近求遠，然而不知國寶，勿怪之哉，余今為强國計，今為同志習體育計，欲得國寶，敬告諸君練太極拳是也，練太極身體與精神平均發大，延年益壽，百功厲焉，而且防身又能對敵，此拳益處，筆難盡述，練後自得之，太極拳可稱非常之寶，非他拳之可共論也，願同志諒之。

No 00893

著者　楊澄甫
編述者　董英傑
發行者　神州國光社
印刷者　文光印務館
定價　實洋三元
中華民國二十年一月初版

楊澄甫先生著

太極拳使用法

黃居素署

杨澄甫[1]先生著

《太极拳使用法》

黄居素[2]署

注释

① 杨澄甫（1883 年 7 月 11 日—1936 年 3 月 3 日），名兆清，字澄甫，河北省永年县人。出身太极拳世家，为杨式太极拳创始人杨禄禅之孙，杨健侯之第三子。其二伯父杨班侯、长兄杨少侯均以太极拳术著称。杨澄甫自幼得父调教，秉性悟学，拳艺精熟。他 1902 年在北京助父传授拳艺，成为职业拳师；1928 年，始应邀至南京、上海、广州等地教学，并先后受聘于中央国术馆、浙江国术馆，任教务长等职。杨澄甫在长期习拳、授拳过程中，对杨式太极拳进行了系统总结，并进行了大幅度加工，定型了杨式太极拳技术体系的基本框架，形成开合简洁、平易柔和、立身安舒、轻灵洒脱而易于推广传播的大架，促进了杨式太极拳的普及。他一生中弟子众多，影响遍及海内外，也因此被誉为杨式太极拳承前启后的大家。

② 黄居素（1897 年 5 月 16 日—1986 年 3 月 22 日），祖籍广东嘉应州（今广东梅州市嘉应新区）。幼年家贫，学无常师，曾从郑哲园习古籍，并从事报业工作，一度修习佛典。早年追随孙中山，曾任广东省政府委员、南京国民政府首届立法委员等职。后随近代中国名画家黄宾虹学习山水画，与

黄宾虹及王礼锡同为上海神州国光社主办人之一。20世纪30年代初移居香港，新中国成立后被聘为中央文史馆馆员。

武当嫡[1]派

注释

①嫡：本义为封建宗法制度中的正妻和正妻一支的子孙（区别于"庶"），后亦用以形容系统最近的、正统的。嫡派，即嫡系或嫡传，指最正统的传承。

国粹体育

养就精气神，练成玲珑[1]体

注释

①玲珑：指物体精巧细致，指人灵巧敏捷。

按：精气神是道教内丹学术语。精，泛指有形状态之精微物质，对人来说，"精"则指构成人体生命活动的各层次的有形元素，常呈固体或液体状态。气，泛指无形状态之精微物质，对人来说，"气"则指构成人体生命活动的无形的基本元素，常呈气体状态。神，泛指精气之活力，对人来说，"神"则指构成人体生命活动的各层次的形态功能变化活力。

明代思想家吕坤在《呻吟语》中关于精、气、神三者之内在关系，颇具见解："气有为而无知，神有知而无为。精者，无知无为，而有知有为之母也。精，天一也，属水，水生气；气，纯阳也，属火，火生神；神，太虚也，属无，而丽于有。精盛则气盛，精衰则气衰，故甑涸而不蒸。气存则神存，气亡则神亡，故烛尽而火灭。”意思是：气有作为但没有知觉，神有知觉却没有作为。精，既没有知觉也没有作为，但它是有知觉、有作为的根本。精与上天合而为一，本性隶属于水，而水又产生气；气，属于纯阳，本性隶属于火，火又产生神；神，是深奥虚无的，本性当属无，却又依附于有。精满了气也就盛，精弱了气也就衰竭。所以，蒸饭时用的瓦盆中水干了就不能再蒸了，气能充足那么神也能储备，气消失了那么神也不复存在，所以蜡烛燃尽之时火也就熄灭了。

杨健侯①先师遗像

注释

① 杨健侯（1839—1917 年）：杨式太极拳传人，杨式太极拳第二代宗师。名鉴，号镜湖。杨禄禅第三子，人称“三先生”。自幼随父习拳，拳术刚柔并济，出神入化。为人宽厚，秉性温和。曾在北京协助父亲授拳，杨禄禅逝世后，他继续在京授拳。

著者杨澄甫

田兆麟 武汇川 董英杰 王旭东 闫仲魁 李得芳 杨振铭

姜廷选 褚桂亭 李椿年 徐岱山 郭荫棠 张庆麟 杨开儒

张三峰先生传拳谱

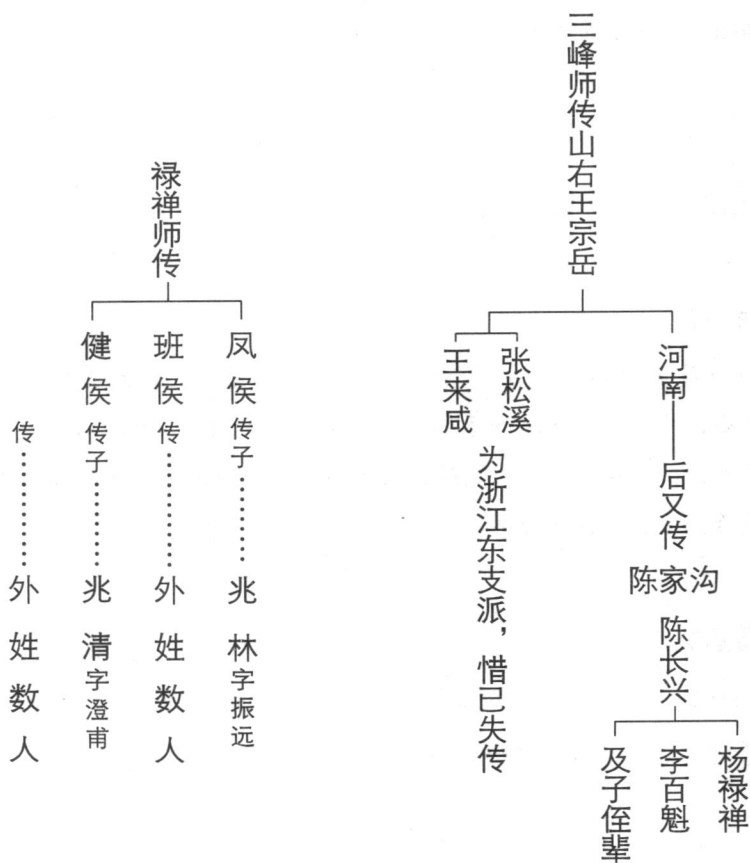

三峰师传山右王宗岳

- 河南——后又传陈家沟陈长兴
  - 杨禄禅
  - 李百魁
  - 及子侄辈
- 张松溪
- 王来咸

为浙江东支派，惜已失传

禄禅师传

- 凤侯 传子……兆林 字振远
- 班侯 传……外姓数人
- 健侯 传子……兆清 字澄甫
  - 传……外姓数人

澄甫老师传

杨兆鹏　李春年　陈光恺　朱纫芝
武振海（字汇川）　陈微明　张庆麟　郭阴棠
田兆麟　杨凤岐　王保还　吴万琳（师孙）
董英杰　张钦霖　形[1]玉臣　孙件英（师孙）
王旭东　郑佐平　刘尽臣　李万程
阎月川　王其和　匡克明　张种交
牛镜轩　崔立志　杨鸿志
田作林　王镜清　杨开儒（师孙）
徐岱山　杨振声　于化行
褚桂亭　杨振铭　濮　玉（女士）（与弟二人）
刘论山　杨振基　滕南璇（女士）
李得芳　姜廷选　奚诚甫

注释

① 形：无此姓氏，疑是误字，应为“邢”。

田兆麟传

叶大密　杨开儒　何士镳
张景淇　钱西樵　周学渊
陈一虎　陈志远　周学芬
施承志　张　强　张宝凤
陈志进　何瑞明　崇寿永
郑佐平　沈尔乔

第一六八页

董英杰传

刘同禄 连忠恕 张忻 陈宁 颜福廷

郝奇 宗之鸿 宗毛三 孙僧龄

太极图[1]

太极图之义：阴阳相生，刚柔相济[2]，千变万化。太极拳即由此而出也，推手即太极之图形。

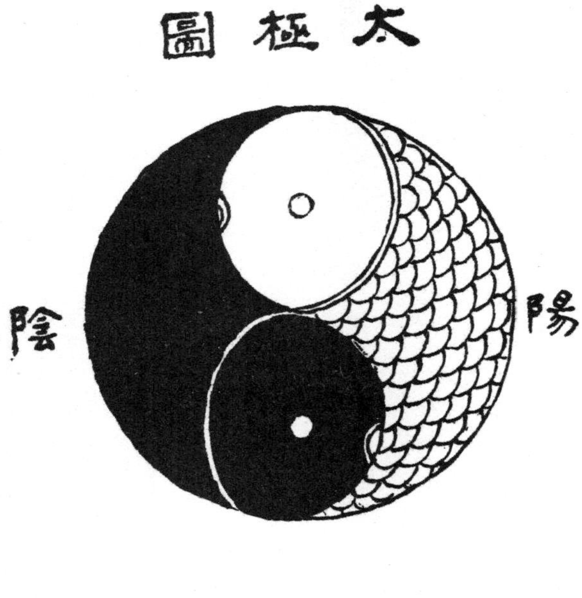

注释

① 太极图：原名《无极图》，据传是五代至宋初的道士陈抟传出，陈抟对内丹术和易学都有很深造诣。据史书记载，陈抟曾将《太极图》《先天图》《河图》以及《洛书》传给其学生种放，种放以之分别传穆修、李溉等人，后来穆修将《太极图》传给周敦颐。周敦颐著《太极图说》加以解释。现在我们看到的太极图，就是周敦颐所传的。《太极图说》全文249字。该文认为，“太极”是宇宙的本原，人和万物都是由于阴阳二气和水火木金土五行相互作用构成的。五行统一于阴阳，阴阳统一于太极。

② 阴阳相生，刚柔相济：据北宋理学家邵雍在《渔樵问对》中所解：阴阳刚柔就是四象。天际宇宙由阴阳而诞生，大地河山由刚柔而诞生。所有事物的根本，于此为极点。

太极拳原序

太极拳传自张真人。真人，辽东懿州人，道号三峰，生宋末。身高七尺，鹤骨松姿，面如古月，慈眉善目，修髯如戟①，顶作一髻②，寒暑唯一箬笠③，手持拂尘④，日行千里。洪武⑤初，至蜀太和山修炼，结庵玉虚宫，经书一览成诵⑥。洪武二十七年⑦，又入湖北武当山，与乡人论经书谈说不倦。一日在屋诵经，有喜雀在院，其鸣如诤论。真人由窗视之，雀在柏树，如鹰下观。地上有一长蛇蟠结⑧，仰视。二物相争。雀鸣声飞下展翅扇打，长蛇摇首微闪，躲过雀翅，雀自下随飞树上。少时性燥，又飞下翅打，长蛇又蜿蜒轻身闪过，仍作盘形。如是多次，并未打着。后真人出，雀飞蛇走。真人由此而悟，蟠如太极，以柔克刚之理。由按太极变化而粗成太极拳。养精气神，动静消长，通于易理，故传之久远，而功效愈著。北京白云观⑨现存有真人圣像，可供瞻仰云。

注释

①髯：音 rán，两颊上的长须，泛指胡须。修髯：修长的胡须。戟，音 jǐ，

古代的一种兵器，长杆头上附有月牙状的利刃。如戟：胡须又长又硬，一根根像戟似的怒张着。旧时形容丈夫气概。

② 髻：音 jì，将头发挽结于头顶的发式。

③ 箬笠：音 ruò lì，用箬竹叶及篾编成的斗笠。

④ 拂尘：又称尘拂、拂子，是一种于手柄前端附上兽毛（如马尾）或丝状麻布的器物，有扫除尘迹或驱赶蚊蝇之用。在道教文化中，拂尘是道士常用的器物，也是汉传佛教法器，象征扫去烦恼。拂尘亦是一些武术流派的实战器械。

⑤ 洪武：中国明朝开国皇帝朱元璋的年号（1368—1398 年）。

⑥ 至蜀太和山修炼……经书一览成诵：蜀，古族名、国名、郡名，在今四川一带，为四川省的别称。蜀太和山，今四川省达州市宣汉县有一太和山，并不出名，山上皆无庵庙资料可考。“太和山”当为古武当山之别名，张三丰曾二度修炼于武当山，“至蜀太和山修炼”当为原书记载有误。结庵，搭草屋。庵，圆形草屋。玉虚宫，武当山玉虚宫，是武当山建筑群中最大的宫殿之一，始建于明永乐年间，建成后，永乐皇帝钦定为“玄天玉虚宫”。一览成诵，形容记忆力超群，看一下就能背诵。

⑦ 洪武二十七年：即公元 1394 年。

⑧ 蟠结：盘曲纠结。

⑨ 北京白云观：唐开元二十六年（739 年）初建天长观，金明昌三年（1192 年）重修，改名为太极宫，元初全真派道长长春真人丘处机奉元太祖成吉思汗之诏驻太极宫掌管全国道教，太极宫遂更名长春宫。金天会五年（1227 年）丘处机逝世，其弟子在宫东建立道院，取名白云观。之后几经毁建，清康熙四十五年（1706 年）在原来基础上重新大规模重修与扩建，今白云观的整体布局和主要殿阁规制即形成于此时。1957 年定为中国道教协会会址。

杨儒禅[1]先师轶事

初[2]，师在京师[3]声闻遐迩[4]，侠来访者踵接[5]。一日静坐间，忽有僧来，师自迎出阶，见僧貌伟壮，身高六尺许，拱揖[6]道慕意，师亟逊答，僧鹘起[7]出拳直扑师，师略含胸，以右掌抵拳顶拍之，僧如受电击，跌出屏后犹作拳击状，久之，乃敛容称谢，曰："僧卤莽。"师仍邀与谈，审其名为清德[8]僧，固少林健壮者也。僧缕缕[9]问："顷出，不意犹不得逞，何也？[10]"师曰："是谓刻刻留心[11]也。"曰："顷出何其疾也？"曰："是谓发劲如放箭[12]也。"曰："僧云游几省，未有如师者，坚叩太极轻灵之奥[13]。"师不答。见有飞燕入帘，低绕近身，即起手速抄之。顾谓僧曰："此鸟驯就人，聊与为戏，何如？[14]"辄承[15]以右掌而左手抚之，旋纵使去，燕振翼拟起，师微将掌忽隐忽现，燕不能飞去。盖无论何种雀鸟，必先足蹬劲才能飞，燕足无着力处，遂扑伏，则又抚之使去，复不得起，如是者三。僧大讶曰："技何神也？"师笑曰："奚足言神[16]，太极行功稍久，通体轻灵，一羽不能加，蝇虫不落[17]，能略如是状耳[18]。"僧拜服，留谈三日乃去。

注释

① 杨儒禅：当作“杨禄禅”。杨禄禅（1799—1876年），名福魁，广平府（今邯郸市永年县）人。1840年前后从陈家沟陈长兴学拳艺成后返乡，在永年教拳，武禹襄昆仲三人从其学艺。后由武汝清荐往北京教拳。从此拉开了近代太极拳传播序幕，在京城博得“杨无敌”之名，为日后太极拳的弘扬发展奠定了坚实的基础。

② 初：开始，初始。

③ 京师：国家首都，泛指国家或地区的最高权力机构所在地。此处指北京。

④ 遐迩：远近、遥远。亦作“遐尔”，语出《汉书·韦玄成传》：“天子穆穆，是宗是师，四方遐尔，观国之辉。”

⑤ 踵接：意同“接踵”。后面人的脚尖接着前面人的脚跟，形容人多拥挤。

⑥ 拱揖：音gǒng yī，亦作“拱挹”，拱手作揖以示敬意。

⑦ 鹘起：音hú qǐ。鹘，打猎用的鹰一类的猛禽。如鹘飞起，比喻气势旺盛。如清·陈贞慧《书事·防乱公揭本末》：“铖遂有酬诬琐言一揭，语虽鹘起，中实狼惊。”

⑧ 清德：该僧法名。

⑨ 缕缕：当为“屡屡”之误，指屡次、常常、再三。

⑩ 顷出……何也：顷，短时间。不意，意想不到。犹，仍然。得逞，达到目的。三句意为：我在短时间内瞬间出手，想不到仍然不能达到目的，这是为什么？

⑪ 刻刻留心：见王宗岳《十三势行功歌》“刻刻留心在腰间”句。意为：“时刻不忘自己的腰脊部位，以腰为轴。”杨禄禅公此刻仅答“时刻不忘”，有意把后三字“在腰间”的要点含蓄地隐去。

⑫ 发劲如放箭：句出武禹襄《太极拳解》：“蓄劲如张弓，发劲如放箭。”其传人李亦畬依据这一论述，发展为“五弓合一”之说，著有《身备

五弓解》。杨澄甫注："蓄者，藏也，太极劲不在外，藏于内，与敌对手时，内劲如开弓，不射之圆满，犹皮球有气充之……我如弓，敌如箭，出劲之速，敌如箭出矣。"

⑬ 僧云游几省……坚叩太极轻灵之奥：师者，古之学者必有师；师者，传道、授业、解惑也。轻灵，"轻"有着力不多、不费力等意，如杜甫《江涨》诗："轻摇逐浪鸥"；灵，有灵敏、灵活、敏捷等意。全句意为：我出家修行，漫游了好几个省，还没见到您这样的老师，我要坚决向您叩求讨教这太极拳轻灵奥妙之所在。

⑭ 此鸟驯就人……何如：聊，副词，相当于"略微"。戏，玩耍。何如，如何、怎样。三句意为：这鸟已顺从驯化于人，现在略微跟它玩一下，怎样？

⑮ 辄承：辄，副词，相当于"就"。承，托着。

⑯ 奚足言神：奚，文言疑问代词，相当于"何"。足，值得，够得上。四字意为哪里够得上说是神奇。

⑰ 一羽不能加，蝇虫不落：当为"一羽不能加，蝇虫不能落。"句出王宗岳《太极拳论》。意为：太极拳练到一定程度后，就能感知对方细微的劲力变化，就是一根羽毛落到身上亦可知，并随即化去；连蝇蚊也无法在身上停留。说明听劲与化劲的灵敏。

⑱ 能略如是状耳："能"为衍字。略，大致。如是，如此、这样。状，样子、情况。耳，助词，相当于"罢了"。此句意为：大概就是这样子吧。

序

余幼读书时，性好武，余祖[①]有老友刘瀛州[②]，少林壮者，北方名素著[③]。余求学，刘师曰："我年近七十，无能为也，如愿学，有广平杨姓得武当秘传[④]。惜我年老，知之晚矣，仅知皮毛。"与介绍杨传，拜师求学焉。研究十有五年，惜余最鲁，略知大概，诸师兄师弟[⑤]皆出我上。余今从师历方从学，游历保定、北平、天津、上海、南京、苏杭、江西、山东，曾见广东、云南、陕西、山西、河南、安徽、湖北、湖南各省武术大家。各处山川古迹，观之不已；各省内外武术大家，令人学之不尽。劝同志苦心研究无懈志也，今余始知武术深有奥妙，正在从学研究中。今国家提倡武术，幸吾师又作是书，任县董英杰喜而为之序。

劝诸同志莫懈心，日月穿梭贵如金。朝夕时时要习练，功夫无息得玄真[⑥]。

注释

① 余祖：余，我。祖，父亲的上一辈或与祖父同辈的人，如祖父、外祖母。此处指自己父亲董老和。

② 刘瀛州：1851 年出生，河北省任县大北东村人。幼时，随本村孙光义学练洪拳，后来拜道光年间武状元张殿华为师，学习三皇炮捶及长短软硬兵器。著名拳师李宝玉、曹珂、崔毅士、姜廷选、王其和等等，均曾是他的门下弟子。刘瀛洲晚年十分推崇太极拳。他与永年广平府的杨兆林（号老振）、郝为真（号老为）结为盟友，交往甚厚。他摒弃门户之见，还让自己的儿子刘东汉和入室弟子李宝玉、崔毅士、王其和、姜廷选等拜在杨兆林门下，精心学习太极拳。

③ 北方名素著：素，平素、往常。素著，一向都很著名。此句是说刘瀛州在北方历来都很著名。

④ 有广平杨姓得武当秘传：此处“杨姓”指杨兆林。“武当秘传”指太极拳。

按：杨兆林（约 1884—1922 年），字振远，为杨禄禅长子杨凤侯（生卒不详）之子。杨兆林的功夫多由其父和叔父班侯、健侯传授。杨禄禅将毕生所修的太极功夫传给了长子杨凤侯、次子杨班侯和三子杨健侯。然而，当前流传最广的架子首先是杨澄甫定下以养生见长的大架，其次是杨健侯传下以内功见长的中架，再次是杨班侯传下以技击见长的小架，而杨凤侯传出的拳架几乎销声匿迹。世人多以为杨凤侯早亡，没有传人。其实，杨禄禅到北京传拳时，其子班侯、健侯均随其去京。因杨凤侯之子杨兆林一直在邯郸、邢台等地传拳，因此，无人关注其行踪和传拳情况。清末民国初，杨兆林经南和县冀贵林先生举荐，到南和县贾宋一带教拳。后来又应任县刘瀛洲先生的邀请，转至任县、尧山、隆平（后合并为隆尧）等地授拳。据资料记载，杨兆林的功夫非常好，他除了秉承了父亲的功夫外，还从学于其叔父班侯和建侯的拳架和功夫，所传之拳完全保留了杨氏拳式多招明、劲出螺旋、快慢相间、弛张有度、沉提合开、方圆多变、纵跳震脚、短促发劲的实战原貌，是不可多得而原汁原味的杨氏太极拳。其中，祖籍河北省隆尧县西毛尔寨村的寇长青（1910—1983 年），是继承杨兆林拳艺的佼佼者之一。寇家太极拳师从曹珂，先师杨兆林、刘东汉所传杨式太极拳，由此得以衣钵相传，绵延不绝。

⑤ 诸师兄师弟：指会宁村的李宝玉（1886—1962 年）、任县环水村的王其和（1885—1932 年）、任县大北东村的刘东汉（？—1950 年）、邢台县城西北良舍村的曹珂（1893—1972 年）等。

⑥ 玄真：道家称妙道、精气等，如语本《老子》所说："此两者（常有、常无）同出而异名，同谓之玄。"《黄庭内景经·五行》："道之为物……其精甚真""能存玄真万事毕"。

序

技术者，为我国国粹之至宝也，惜多年不振，几于失传。①幸今国家提倡武术为必要，余踊跃为之序。今杨师南来②，与同志互相研究，发展普及起见，余雀跃之至。因余为国民一份子，亦要加入提倡，惜才学最浅，总不免热心耳。拳有外壮、内壮③，余偏爱于内家太极，奥妙笔亦难言。尊师常谈：轻则灵，灵则动，动则变，变则化。④余苦功从学研究二十有年，不能得百分之一，虽然⑤，余常怀有志竟成，每日在研究中也，田兆麟谨序。

注释

①技术者……几于失传：技，技击。术，武术，技击之术也。田兆麟在此序中提出“惜多年不振，几于失传”之现状，12年后，他在所著《太极拳刀剑杆散手合编·叙》中就导致该现状产生的原因做了以下之分析：“溯其所以失传之由，良有数因。夫以近代人事繁剧，习者视为业余消遣，惟求养生治病，不思进求真实技能，一也；吾国习惯，技术非子不传，子若不肖，技遂中绝，二也；秘术多由口授，或有笔之于谱，亦珍藏不肯示人，三也；自武器革新，拳术视同弁髦，以之强身祛病固有余，以之临阵退敌则

不足，世人遂不深究，四也；茫茫华夏，何地无才，然而丁兹末世，虽有奇人高士，循迹唯恐不远，宁复传非其人，为世诟病，五也。有是数因斯道遂晦，后人一知半解，以讹传讹，学者终不得其门而入，大好国粹，几如广陵散之将成绝响，不其惜哉。”

② 今杨师南来：指1929年，杨澄甫带了眷属和学生董英杰，从南京前往上海。

③ 拳有外壮、内壮：“外壮、内壮”说，为少林功法，出自《易筋经》。西谛本《易筋经·内壮论》曰：“内与外对，壮与衰对。壮与衰较，壮可歆也；内与外较，外可略也。盖内壮言道，外壮言勇，道植圣基，勇仅俗务，隔霄壤矣。”该功法习练有四种：硬功内壮，用抗压或刚猛的方式锻炼内脏机能，比如铁板桥、卧虎功、国术深蹲；硬功外壮，用抗压或刚猛的方式锻炼肢体机能，比如石锁功、石担功、铁砂掌、铁头功、铁拳功、金刚指、鹰爪功；软功内壮，用放松或松柔的方式锻炼内脏机能，比如洗髓经、罗汉坐禅、天师炼丹、武术各派的桩功；软功外壮，用放松或松柔的方式锻炼肢体机能，比如易筋经、一指禅、玄空拳、玄风掌、五百钱。

④ 尊师常谈……变则化：尊师，指杨健侯公。健侯公有《十三势行功心诀》（三言四句）曰：“轻则灵，灵则动，动则变，变则化。”田兆麟自幼在杨家学拳，因为杨家常谈此诀，因此他把此诀奉为圭臬。1942年，他为王新午所著《太极拳阐宗》一书所写的题词，也是此诀。有后人把此诀扩展为三言七句：“松则沉，沉则轻，轻则灵，灵则动，动则变，变则化，化则发。”笔者以为，在诀首再加“静则松”三字，则更为完整。

⑤ 然：这样、如此。

按：《易筋经》的作者为何人，长期以来主要有两种说法：一为南北朝时的天竺僧人达摩，一为明朝天启年间天台紫凝道人宗衡。20世纪30年代，唐豪先生在《少林武当考》和《行健斋随笔》中有文专门论及此问题。20世纪50年代，对《易筋经》作者的讨论又逐渐开始，20世纪80年代以后更为热烈。在林林总总的论文材料中，不难发现这样一种情况，即除了包括一些少林寺僧在内的部分人士坚持“达摩说”外，在研究者的学界中，几乎都一致认为《易筋经》是紫凝道人所著，并对“达摩说”进行了质疑。从质疑的范围和深度来看，均未超出近代徐哲东、唐豪诸人的论点。

凡例

○本书专就已经练习太极拳，而尚未明实用者，特按各式说明并附图，以表出之。

○本书下列太极拳应用交手图式，甲乙二人演练时，宜就各图姿势循序仿行。

○本书逐段标明按各式衔接动作，以至二人发手之际，均用白话表明，学者可详细参阅，自有路径可寻。

○甲乙二人合手演习时，可轻行缓进，实地研习，自有得法之处。不可躁进率尔逞强，以致发生危险，彼此反生恶感。

○本书均就单行法解释之，遇有手术上同者从略。

○本书附图应用动作各式方向，均以上下、前后、左右两侧表示之，不拘定于东西南北，以其临时动作无有一定之方位故也。

○本书各姿势应用法式仅就一二手术编列说明之，其临时动作变化之妙，在好学者深思远造久练功纯，自能得其要领，非空言所能及也。

○本书编制，各式均用白话挨次浅显说明，以便阅者一目了解。

〇本书编成，其中字句难免有遗漏错误之处，望阅者谅也。

〇此书是杨老师所述拳理，同志阅书千万不要以文字挑之，只应注重拳理。如以文法挑之，恐有误自已[①]学拳之门径，愿同志谅之。

太极拳本系武当内功拳，欲锻练身体者可习太极拳。此系柔功，无论男女老幼皆相宜。小儿六岁以上，老者六十岁以外，皆能习学，身体虚弱者更可习学，数月之间渐觉强壮耳。十三势[②]初学期三个月学会，一年习熟，五年练好，日后愈练愈精。但非真传不可，太极拳不得真传不过身体略壮耳，拳理十年终糊涂，焉[③]能知精微奥妙知觉运用？若得真传如法练去，金刚罗汉体不难矣，不但体壮，自卫防身之能力寓焉[④]。早晨练拳最相宜，饭后休息半时或一时方可运动。如体质弱者量力练之，不可过，练习一月之后饮食可加多。拳，每早晚两次或三次均可。如夏天练拳正燥，千万不可用凉水洗手，恐其闷火。如冬天练完，速穿衣服，恐其受凉。练完不可即就坐，可行走五分钟，使血脉调和。

如用功时须澄心息虑，心无所思，意无所感，专心练拳。太极对敌法甚妙，非不能用。盖今同志只练皮毛不再学，不能求高师访朋友，勿说太极不能用，亦勿怪授者不授耳，此本系内功与道相合。初学每日可学一两式，不可粗率。初学略难，一月后拳式入门易学耳。每同志初学一两月觉拳甚好，再学三四个月后自觉不如从前，心中烦燥，如有此景像千万不可懈志，正是进步耳。如今拳未进步，不能自知拳式坏的，人人必由此地位经过，先此警告耳。

注释

① 已：为“己”之误。

② 十三势：太极十三势，又名长拳十三势。为太极拳中基本的八个方位打法和五种步法的总和之称。在后“禄禅师原文”中有定义为：“十三势者：掤攦挤按採挒肘靠，此八卦也；进步、退步、左顾、右盼、中定，此五行也。掤攦挤按，即乾坤坎离，四正方也。採挒肘靠，即巽震兑艮，四斜角也。进退顾盼定，即金木水火土也。”在王宗岳《太极拳释名》（李亦畬本）中八卦对应则有所不同：“掤、攦、挤、按，即坎、离、震、兑……採、挒、肘、靠，即乾、坤、艮、巽。”另有八纲（阴、阳、刚、柔、虚、实、开、合）五纪（手、眼、身、法、步）之相合为“十三势”之说。

③ 焉：怎么。

④ 寓焉：寓，依附。焉，此处为指示代词，相当于“之”。

按：八卦的读音和意思为：乾，音 qián，代表天，为天卦象；坎，音 kǎn，代表水，为水卦象；艮，音 gèn，代表山，为山卦象；震，音 zhèn，代表雷，为雷卦象；巽，音 xùn，代表风，为风卦象；离，音 lí，代表火，为火卦象；坤，音 kūn，代表地，为地卦象；兑，音 duì，代表沼泽，为泽卦象。

禄禅师原文[①]

一举动[②]，周身俱要轻灵，尤须贯串。气宜鼓荡，神宜内敛[③]。毋[④]使有缺陷处，毋使有凸凹处，毋使有断续[⑤]处。其根在脚，发于腿。主宰于腰，形于手指。由脚而腿而腰，总须完整一气。向前退后，乃能得机得势；有不得机得势处，身便散乱，其病必于腰腿求[⑥]之，上下、前后、左右、皆然。凡此皆是意，不在外面[⑦]。有上即有下，有前则有后，有左则有右，如意要向上，即寓下意，若将物掀起，而加以挫之力，斯其根自断，乃坏之速而无疑。虚实宜分清楚，一处有一处虚实，处处总此一虚实。周身节节贯串，毋令丝毫间断耳。

注 释

① 禄禅师原文：1925 年，经杨澄甫审定并首肯的陈微明的学拳笔记《太极拳术》由中华书局承印后公开出版。书中插图为杨澄甫的早期拳照，以陈微明拳照补齐不足处。推手及大攦的插图为杨澄甫、陈微明、许禹生和陈志进。由于该书是首次公开杨澄甫拳术套路，又有杨澄甫拳照和杨氏家传拳谱，故影响甚广。此篇命名为“禄禅师原文”的拳谱原无标题， 1929 年

出版的吴图南《国术太极拳》中以“太极拳用功秘诀”为题。陈微明命名为“太极拳论”（以下简称“微本”），列为拳谱篇之首。后人鉴于王宗岳已有《太极拳论》存世，为避重复，按拳谱之末有“以上系武当山张三丰祖师所著”之语，亦称“张三丰太极拳论”。

② 举动：行动。

③ 神宜内敛：神，上文是指精神活动，即心的活动，相当于一般所谓的“意”；敛，有收藏、约束等义，古人将思想活动称为“神外游”。“神内敛”是指将思维活动，即“意”约束收藏起来，也就是“摒思息虑”，现代医学称为“大脑入静”。

④ 毋：音 wú，不要，不可以。“微本”作“无”，亦有作“勿”，字义皆同。后同，不另注。

⑤ 断续：时而中断，时而接续。

⑥ 求：求知，求索，求证。寻求证据，求得证实。

⑦ 不在外面：有抄谱在此句后有“而在内也”之续句。

长拳者，如长江大海，滔滔不绝也。十三势者，掤、搬、挤、按、採、挒、肘、靠，北[①]八卦也；进步、退步、左顾、右盼、中定，此五行也。掤、搬、挤、按，即乾、坤、坎、离，四正方也；採、挒、肘、靠，即巽、震、兑、艮，四斜角也；进、退、顾、盼、定，即金、木、水、火、土也。

原注云，此系武当山张三峰老师遗论，欲天下豪杰延年益寿，不徒作技艺之末也。

注 释

① 北：为“此”之误。

一举动，周身俱要轻灵，尤须贯串。

练拳时不用莽力[①]，方能轻灵，十三式须一气串成。

注 释

① 莽力：粗鲁、冒失之力，实为肌肉之力，也称“拙力”。

气宜鼓荡，神宜内敛。

气不滞，则如海风吹浪，静心凝神，斯为内敛。

毋使有缺陷处，毋使有凸凹处，毋使有断续处。

练拳宜求圆满，不可参差不齐，宜缓慢而不使间断。

其根在脚，发于腿，主宰于腰，形于手指。由脚而腿而腰，总须完整一气，乃能得机得势。

练法须上下相随，劲自跟起，行于腿，达于腰，由脊而膊，而行于手指。周身一气，用时进前退后，其劲乃不可限量矣。

有不得机得势处，身便散乱，其病必于腰腿求之。上下、前后、左右皆然。凡此皆是意，不在外面。

病不在外而全在意，意不专则神不聚，即不能得机得势矣。

有上即有下，有前即有后，有左即有右。如意要向上，即寓下意；若将物掀起，而加以挫之力，斯其根自断，乃坏之速而无疑。

此言与人对敌搭手时，先将彼摇动，犹树无根，立脚不定，则自然倒下矣。

虚实宜分清楚，一处有一处虚实，处处总此一虚实。

与人对敌，每式前虚后实，如放劲，则前足坐实后足蹬直。总使虚实清楚，则变化自能如意矣。

周身节节贯串，毋令丝毫间断耳。

周身骨节顺合，气须流通，意无间断。

太极拳练演法[1]

太极拳十三式

太极起式、揽雀尾、单鞭、提手上式、白鹤亮翅、搂膝拗步、手挥琵琶式、左右搂膝拗步三个、手挥琵琶式、进步搬揽锤[2]、如封似闭、十字手、抱虎归山、肘底看锤、左右倒撵猴、斜飞式、提手上式、白鹤亮翅、左搂膝拗步、海底针、山通臂、撇身锤、上步搬揽锤、揽雀尾、单鞭、左右云手、单鞭、高探马、左右分脚、转身蹬脚、左右搂膝拗步、进步栽锤、翻身二起、左右披身伏虎式、回身蹬脚、双风贯耳、左蹬脚、转身右蹬脚、上步搬揽锤、如封似闭、十字手、抱虎归山、斜单鞭、左右野马分鬃、上步揽雀尾、单鞭、玉女穿梭、上步揽雀尾、单鞭、云手、单鞭下式、金鸡独立、左右倒撵猴、斜飞式、提手上式、白鹤亮翅、搂膝拗步、海底针、山通臂、白蛇吐信、上步搬揽锤、进步揽雀尾、单鞭、云手、单鞭、高探马代穿掌、转身十字腿、进步指裆锤、上势揽雀尾、单鞭下势、上步七星锤、退步跨虎式、转身双摆莲、弯弓射虎、上步搬揽锤、如封似闭、十字手、合太极。

以上太极拳名称三十七全套七十八个姿式完。

注释

① 原书页眉为“练演法”，编者补充为“太极拳练演法”。

② 锤：为“捶”之误。锤为古代兵器名。捶：用拳头击打。本书拳式中之“肘底看锤”“撇身锤”“搬揽锤”“栽锤”“指裆锤”“七星锤”均为“捶”之误。后同，不另注。

身法

提起精神　虚灵顶劲[1]　含胸拔背　松肩坠肘　气沉丹田

手与肩平　胯[2]与膝平　尻道[3]上提　尾闾[4]中正　内外相合

练法

不强用力　以心行气　步如猫行　上下相随　呼吸自然

一线串成　变换在腰　气行四肢　分清虚实　圆转如意

注释

①虚灵顶劲：有作“虚领顶劲”，其意同太极拳古歌诀中的“顺项贯顶”相同。

按：“虚领顶劲”，最常被说起的太极拳常用语之一。

何谓“顶劲”？现代太极拳界说法不一，有“头颈笔挺直竖”说，有“头颈用微力向上顶”说，有“头颈上端后撑”说，有“下颌内扣，颈后与衬衣领接触”说等，按照这些标新立异的错误说法去做，不仅会造成头部或颈部过度紧张，妨碍了肩部以上应有的舒适放松，而且也不符合人体颈部自然前倾的生理曲度。太极拳要求头颈必须能够做出灵活的上仰下俯与左右转动，而不是像仪仗队执行礼仪任务或芭蕾舞表演时作颈部发僵之状态。

我们不妨逐字来解释词义。虚，指虚空、放松，如《管子·心术上》："虚者万物之始也。"领，指脖子、颈部，如《左传·昭公七年》："引领北望。"灵，指人的精神意志，如刘勰《文心雕龙·情采》："综述性灵，敷写器象。"（敷：陈述。器象：指万物）。顶，作名词，本义指最高的部分，山顶、头顶，如《淮南子》："今不称九天之顶，则言黄泉之底，是两末之端议，何可以公论乎？"劲，指正直、刚正，如《荀子·儒效》："行法志坚，不以私欲乱所闻；如是，则可谓劲士矣。"

上面所述的错误说法，往往是用机械性的常规思维去理解字义所致，如果把"顶"和"劲"作动词，分别看成是"支撑、抵住"和"力气、力量"，那么在理解上就必然导致偏差，也有悖于前辈的原意。"微微地顶，虚虚地领"，其意就是说这"顶劲"是放松的，是精神意志上的，不是指外形，而是指意识。这里，想起王国维在《人间词话》中有一段词评是这样说的："词之雅郑，在神不在貌。永叔、少游虽作艳语，终有品格。方之美成，便有淑女与倡伎之别。"意思是：词的正声和淫雅之声，在于神韵不在外表。欧阳修和秦观虽然写艳诗，但终究是具有内在的品位和风格之完美。到了周邦彦时，只有表面上的美艳，这就是淑女与娼妓的区别了。这里尽管说的是词，但其"不在外而在内"之理亦相通贯。杨澄甫在原书第 110 页"王宗岳遗论解明"中，对"虚领顶劲"做了明确的解说："顶劲非用力上顶，要空虚，要头容正直，精神上提，不可气贯于顶。"这是"顶劲"最本质的内涵。由此可见，"虚领顶劲"就是"精神上提"的"头容正直"，就是"神贯顶"而非"力贯顶"。在太极拳中，只有头颈处在正直而完全不用力的情况下，才是自然舒松的最佳状态。

② 胯：骨盆的两侧外缘是髂棘，髂棘的连线部位称胯，也就是腰和大腿之间的部分，如"胯裆""胯骨"；而胁下和胯上的部分为"腰"，如"腰

围”“弯腰”。在诸多太极拳著作中，可常见到“胯”“腰”不分，两者误用之处，如“腰是上下体转动的关键”“腰右转”“腰左转”等。“转腰”实为“转胯”，腰转胯不转则必为“扭腰”之状，既不“中正”，也不安舒。“外三合”中所说是“肩与胯合”，而非“肩与腰合”。腰在胯上为被动，胯在腰下为主动。胯担负着上体的重量，是转身的发动机，凡腰转动，皆随胯中骨盘转动而转动，汪波在《全佑老架太极拳》中说：“转腰在实质上就是转胯”，就是此理。因此，欲转身，必先转胯，继而带动腿、腰和上身的整个躯体随之转动，这样才能在运动中保持“肩与胯合”的身法要求。

③ 尻道：尻，音 kāo，脊骨的末端，古时指臀部。道，即便道。

④ 尾闾：尾，尾巴，俗称尾巴根桩，由此引申为称事物的末端。闾，古指居民组织单位，如《周礼·地官·大司徒》曰：“五家为比……五比为闾。”又意指里巷的门，如《荀子·大略》：“庆者在堂，吊者在闾。”后又引申泛指门户。今指骨名：尻骨、尾骶骨、尾脊骨，是尾骨和骶骨的合称，如《医宗金鉴·正骨心法要旨》所曰：“尾骶骨，即尻骨也。其形上宽下窄，上承腰脊诸骨，两旁各有四孔，名曰八髎，其末节名曰尾闾，一名骶端，一名橛骨，一名穷骨，俗名尾椿。”此处指臀部。

太极拳起势预备①

【说明】此为太极拳出势，预备动作之形势②。站定时，头宜正直，内含顶劲，③眼向前平视。胸微内含，脊背拔起，④不可前俯后仰。两肩下沉，两肘微坐，⑤两手下垂⑥，指尖向前，掌心向下。腰胯稍松⑦，两足距离与两肩相齐⑧。在此时，精神内固，气沉丹田⑨，一任自然，不可造作。守我之静，

图 1　太极拳起势预备

以待敌人之动。然人每于此姿势容易忽略，殊不知无论练法、用法俱不得脱此，望阅者、学者首当于此，注意焉。（图 1）

注释

① 起势预备：早期太极拳老谱不录“预备”和“起势”。“预备”，后有立名为“无极势”或“太极势”。其内容主要有三：调身、调神、调息。调身，是主动运用意识调整身体各部位姿态的过程，使各种机能得到平衡，以促进人体内的气血沿着顺畅的轨道运行，有利于精神的安静和真气的生长，能使全身各部分变得灵活，并可收到开关通窍之效。调神，《内经》有言：“心为君主之官，主不明则十二官危。”“神为主宰”，意念导引是进入习拳状态的关键，进入调神状态会启动自我修复、自我调控、自然完善的功能，使身心进入高度的有序化，真正达到“意引气、气引形”的太极拳习拳意境，对全身各系统也能起到良好的调节作用。调息，为主观驾驭呼吸，使自主神经系统的机能起到有效的调节作用，增加肺活量，使血液中的含氧量增加，促进肠胃蠕动，同时提高全身各器官系统的机能。起势，在此节中无相关内容。起势是拳术套路的开始动作，通常以第一拳为起势，俗称“开门势”或“初势”，后有立名为“太极起势”或“太极出手”，由此可以判别为哪一门派的套路。在杨式太极拳中，以下垂的两臂缓缓向前平举，掤至与肩同高同宽后，以肩带肘，以肘带手徐徐下落，两掌按至胯侧前为起势。

② 形势：形态、形体，如《文子·自然》所说：“夫物有胜，唯道无胜，所以无胜者，以其无常形势也。”在《太极拳体用全书》中称为“姿势”。

③ 头宜正直，内含顶劲：指头部的要领和状态，即“虚领顶劲”。为杨澄甫口述、陈微明笔录的《太极拳十要》（首见于陈微明《太极拳术》）之首：“顶劲者，头容正直，神贯于顶也。不可用力，用力则项强，气血不能流通，须有虚灵自然之意。非有虚领顶劲，则精神不能提起也。”可见其在太极拳习练中具有提纲挈领的作用。张三丰《太极拳经》开篇便说的“顺

项贯顶”，指的就是“虚灵顶劲”。

④ 胸微内含，脊背拔起：在《太极拳体用全书》中，此两句作“含胸拔背”，《太极拳十要》之二解曰：“含胸者，胸略内涵，使气沉于丹田也。胸忌挺出，挺出则气壅胸际，上重下轻，脚跟易于浮起。拔背者，气贴于背也。能含胸，则自能拔背；能拔背，则能力由脊发，所向无敌也。”

⑤ 两肩下沉，两肘微坐：在《太极拳体用全书》中，此两句作“沉肩坠肘”，《太极拳十要》之五解曰：“沉肩者，肩松开下垂也。若不能松垂，两肩端起，则气亦随之而上，全身皆不得力。坠肘者，肘往下松坠之意。肘若悬起，则肩不能沉，放人不远，近于外家之断劲矣。”

⑥ 垂：音 chuí，古同“垂”，是“垂挂”之意，如《庄子·逍遥游》所曰：“鹏之背不知其几千里也，怒而飞，其翼若垂天之云。”后同，不另注。

⑦ 腰胯稍松：《太极拳十要》之三为“松腰”。“腰为一身之主宰”，杨澄甫道出了“腰”在太极拳术中的统领地位。一般来说，腰是指系皮带的部位，医家多指两肾（肾俞）之间的命门部位。太极拳家们所说的腰，应包括人体躯干肋下胯上的部位。腰只有灵活，才能发挥出主宰全身的功能。要灵活只有“能松腰，然后两足有力，下盘稳固”。就是说，要使两足有力、下盘稳固，就要先能“松腰”，然后才能使腰更好地“主宰”全身上下、左右、前后。

⑧ 两足距离与两肩相齐：即“与肩同宽”之意。

按：“与肩同宽”，常见于武学书刊，常闻于拳师口授。问题之一是：从颈部到外侧约 15 厘米的区域都称“肩”，此说的“肩”为这区域上的哪一个点？问题之二是：脚掌宽度一般在 7 厘米至 9 厘米，“与肩同宽”是指脚内侧，抑或脚外侧？如此问题不明确，那就不免怎么站都是“与肩同宽”了。

笔者以为，奚桂忠在《杨式太极拳学练释疑》一书中，对“与肩同宽”给出了较为科学的准则：“两脚涌泉穴的距离宜与两肩井穴同宽”，这样，‘则肩井穴、髋关节和涌泉穴在同一直线上，且（垂直）平行于人体中心线，身体重量自然沿着骨架往下，沿大腿、小腿平均地分布到两全脚掌，人体器官处于平衡状态，利于全身松静、稳定和舒适……两臂前举上掤时，劲力不会减弱，也不会分散。”

⑨ 气沉丹田：气，在古时作为代词几乎贯通万物，浩瀚可达宇宙，细微可至尘埃，能见与不能见，精神抑或物质，都可以用“气”来解释。在太极拳运动中所谓运行于体内的“气”，是指激发动作时的传递性力量，与气功修炼和中医学中所说的生理性而没有力效应的“气”不同。丹田，是脐至关元穴（脐下三寸正中）的一块区域。气沉丹田，是采用膈肌上下运动为主的腹式呼吸，并使之与拳式之蓄、发、开、合相结合。吸气时，膈肌向下运动，肺体尽量向下膨胀，两肋微微外开而肋骨不上提，下边再提肛缩肾，将腹内脏器托住。呼气时，膈肌上升，两胁则向内向下合，腹内脏器自然下垂，胸中真气沿任脉下行入丹田，形成心肾相交，以补命门之火的形势。达到“先天之气宜稳，后天之气宜顺”的要求。郝少如先生曾说：“以意引气达于腹部，不使上浮，谓之气沉丹田。”孙禄堂先生在传授“鹰熊斗智”的架子时，要求把“小腹放到大腿上”，这就是气沉丹田的具体体现。这里应该说明的是，气沉丹田不同于练硬功时的气贯丹田和入力丹田，“贯”和“入”是努力向下压气使其进入丹田，“沉”则是顺其自然随着地心吸力徐徐下降，松静自然，无一丝勉强之意。这就是《神运经》上所说“纵横者，肋中开合之式；飞腾者，丹田呼吸之间”的意思。

图 2　揽雀尾掤法

第一节　揽雀尾掤法①

【说明】由太极拳出势起。设敌人对面用左手击我胸部，我将右足就原位稍往外转动坐实。随起左足往前踏出一步，屈膝坐实，后腿伸直，两脚左实右虚。同时将左手提起至胸前，手心向内，肘尖略垂，即以我之腕贴在彼之肘腕中间，用混[2]劲往前往上掤去，不可露呆板平直之像。则彼之力既为我移动，彼之部位亦自不稳矣。（图 2）

注 释

① 掤法：掤，本义指箭筒盖子。在太极拳手法中被列为八法之首，读 péng，在各版本现代汉语字典中均无此字条。

② 混："混"为"横"之误。

按：董英杰在《太极拳释义》中说：该左掤势为"等劲"而"不必作掤字解……此时右手右足在右，左手左足在左，此为太极动之则分。"曾担任《太极拳使用法》一书整理编辑的董英杰，在 14 年后（1948 年）出版了《太极拳释义》，书中对内容和文字进行了比较合理的调整。

第二节 揽雀尾搌[1]法

【说明】由前势。设敌人用右手击我右侧肋部，我即将右足向右前迈出，屈膝踏实，左脚变虚，身亦同时向右拗转，眼随往前看。左右手同时圆转，往前出动，右手在前手心侧向里，左手在后，手心侧向下，[2]转至右手心向下，左手心向上时，速将我右腕里面贴彼肘上臂部外侧，左腕外面[3]贴彼肘下臂部外侧，全身坐在左腿，左脚变实，右脚变虚，往我胸前左侧搌之，则彼之身法[4]即随之倾斜矣。（图 3）

图 3 揽雀尾搌法

注 释

① 搌：顺抹、整理。在太极拳手法中列为八法之二。

② 由前势……手心侧向下：实为右掤法。“掤手两臂要圆撑”，右掤法为双手掤，劲点在右臂桡骨侧的腕部，左手辅以衬劲。在杨澄甫的弟子董英杰、郑曼青、田兆麟、曾昭然、杨振铎等人的著作中，均把右掤法作为一式列出，如《太极拳释义》中解曰：“（右）平掤如第一道防线，敌不能推进也。”

③ 左腕外面：指左腕背。

④ 法：为“亦”之误。“则彼之身亦即随之倾斜矣。”

第三节 揽雀尾挤法

图 4 揽雀尾挤法

【说明】由前势。设敌人往回抽其臂，我即屈右膝，右脚变实，左腿伸直，左脚虚，腰身长起，①随之前进。眼神亦随往前略往上看去。同时速将右手心翻向上向里，左手心翻向下，合于我之右腕②上，乘其抽臂之际，往出挤之，③则敌必应手而跌矣。（图 4）

注 释

① 我即屈右膝……腰身长起：为右弓步之势。“长”疑为“拔”之误用。

② 右腕：指右腕脉门处。

③ 乘其抽臂之际，往出挤之：“往出挤之”其意不明。往，作为介词，

意为“向”，为“随”之误。“出”“之”两字错位，此四字应该为“随之挤出”。此句意为趁着对方抽回手臂的时候，随他之力，双手一起发劲而挤出之。

第四节 揽雀尾按法

【说明】由前势。设敌人乘势来挤，我即将两腕略往上用提劲，手指向前，手心向下，沉肩坠肘，坐腕，含胸，全身坐于左腿，速用两手闭①其肘及腕部，向前按去。屈右膝，右脚实，伸左腿，左脚虚，②腰亦同时往前进攻③。眼神随往前，略往上看去，④则敌人即往后跌出矣。（图5）

图5 揽雀尾按法

注释

① 闭：封，封闭。

② 屈右膝……左脚虚：为右弓步之势。

③ 腰亦同时往前进攻：腰，指腰劲。意为用腰带动全身，内外合一，上下相随，向前按进。

④ 眼神随往前，略往上看去：“略往上看去”为目视对方之眼，咄咄逼人之势也。

按：在《太极拳体用全书·揽雀尾掤法》的起首有如下说明文字：“揽雀尾为太极拳体用兼全之总手，即推手所谓黏连贴随，往复不离不断。遂以雀尾比喻手臂，故总名之曰：揽雀尾。其法有四，曰：掤攦挤按。”

揽雀尾：陈、吴、孙式作“懒扎衣”。明代戚继光《拳经》中所编“三十二势”亦以“懒扎衣”为第一势。

有拳家认为，“揽雀尾”是“懒扎衣”的音转，是在口授时以讹传讹所致。笔者认为，这种推测不尽合理。“扎衣”和“雀尾”并非同音字，且字形字义也相差甚远，无论何种方言或何人抄写，都无可能使其音转或抄错。当拳术由口授进入到文字记载阶段时，各门拳派根据自身理解，对有关式名做出修订，使拳式和式名更为贴切，因而会产生“术同名异”的情况。称“懒扎衣”者，认为是古代拳家与人交手时“把长衫的下摆扎入衣带”之意。而称“揽雀尾”者，则认为是“遂以雀尾比喻手臂”，或“两手揽抚雀尾”之意。

“揽雀尾为太极拳体用兼全之总手”，其中包括了太极拳技击法中最基本的掤、攦、挤、按四法，因此，无论在盘架或推手中，拳家都把它当作基础功夫来训练，这也就是在套路中反复出现的原因所在。历来的太极拳家对“揽雀尾”或“懒扎衣”一势都十分注重，因此留下不少专论。

第五节　单鞭用法

图6　单鞭用法

【说明】由前势。设敌人从我身后来击，我将右手五指合拢下乘，作吊手式，以称[①]左手之势。右足就原地向左转动[②]，左足提起往前偏左落下，屈膝坐实。右腿伸直，右脚虚。身由右往左进转，同时左手向里由面前经过往左伸，伸至手心朝外时，向彼之胸部臂去，[③]则敌人必仰身而倒。然松肩、坠肘、坐腕，眼神随往前看，俱要同时合作自得之[④]。（图6）

注释

① 称：疑为“撑”之误。

② 右足就原地向左转动：身体重心不向左脚移动，右脚以脚跟为轴，脚尖向左实脚扣转。在《太极拳体用全书》中改为虚脚扣转：“我即将重心移在左脚，右脚尖翘起，向左侧转动坐实。”

③ 伸至手心朝外时，向彼之胸部臂去：臂，有拳家认为是“劈”之误。从字义看，从纵面向下破开为“劈”。“左手向里由面前经过往左伸”为横向运动，且“手心朝外时”根本无法“向彼之胸部”做出“劈”的动作。单鞭定势时，左掌应该为“按”“撑”“推”之法。例如，曾昭然《太极拳全书·单鞭》中“……掌心对面部，徐向东移动，至左方时，向东按出”，此为“按击”之法；陈龙骧《李雅轩杨氏太极拳法精解·单鞭掌》中“……我将来力挂开后，随弓步以左掌击其胸部”，此为“撑击”之法；杨振铎《杨氏太极拳、剑、刀·单鞭》中“……坐掌伸臂向正前方推出”，此为“推击”之法。

④ 俱要同时合作自得之：自，疑为“方”之误。此句意为俱要同时合作方才知道。

按：《太极拳释义》中说：“单鞭为开劲，将肺部、胃部微微开放，双手至腿全身筋肉拉开。”该节在《太极拳体用全书·单鞭用法》中，对重心移动、手掌位置等过渡动作解释较详。

第六节 提手上式用法

【说明】由前势。设敌人自右侧来击，我即将身由左向右侧回转，左足随向右移转①，右足提向前，进步移至左足前，脚跟着地，脚掌虚悬，全身坐在后左腿上。胸含背拔，腰松，眼前视。同时将两手互相往里提合，两手心侧对，右手在前，左手在后，两手距离约七八寸

图 7　提手上式用法

许，提至两腕与敌之肘腕相合时，须含蓄其势②，以待敌人之变动。或即时将右手心反向上，用左手掌合于我右腕上，挤出亦可。其身法、步法各动作与前挤法略同。③（图 7）

注释

① 左足随向右移转：为“左脚脚尖内扣”之意。

② 含蓄其势：此处“含蓄”不作“耐人寻味”之本义解。含，蕴含，包容于内。蓄，积聚。势，威力。

③ 或即时……与前挤法略同：是变“提手上式”为“挤”法之用。崔仲三《杨式太极拳体用图解》一书中，把“提手上势”分为“提手”与“上势”两个招式。其“提手”实为“提手上式”之势，“……双掌屈臂向上划弧经耳侧向前合手推出”“催动右手向斜上提拔”。其“上势”则为“挤”法，“……成右弓步，双掌向前下方挤出”“以‘挤靠’劲为主打”。

按：套路习练养生为“体”，招式出手实战为“用”。在实战中，招式运用并非一成不变，所谓“灵则动，动则变”。“掌”“拳”之变、“蹬”“踩”“踢”之变、“上势”“下势”之变等的瞬息转换，往往是赢取对手的重要因素。

“提手上式”是应付对手从右面来袭而用“提劲”拔起对方，使其失去根基的招式，如果对手见状回撤，那么，顺应变化而使用“挤劲”进击则更为有效。如果对方来袭，击我肋部，我用“提手下式”以双肘压住对方双臂，并撤步后引，使其失却重心也不失为有效招法。《太极拳释义》中说：“如若双手自单鞭式往下合劲，不作提手寓提上意，为提手寓上式。”田兆麟归纳“提手上势”用法有六，其中包含搠、搓、採、搌、闪、挤、踢、搬等招法。此所谓“一手变五手”也。在对练或实战中根据实际情况，能灵活多变地使用合理招式的拳者，往往能反映出其所具备的技击素质——反应能力、动作速度和功力深厚。

第七节 白鹤亮翅[①]用法

【说明】由前势。设敌人从我身前[②]用双手来击，我速将右脚提起，向左前方踏出，脚跟着地，稍往里转膝[③]，微屈坐实。身随右脚同时向正面[④]转，左脚移至右脚前，脚尖点地。两手随右脚同时动作，左手由右而左而上落至胸前，手心向下，右手随落随转至腹前，手心朝上，[⑤]左手手[⑥]急往下往左侧展开彼之右腕，右手同时往上往右侧展开彼之左腕，则彼之力即而分散不整矣。（图 8）

图 8　白鹤亮翅用法

注 释

① 白鹤亮翅：旧称“白鹅亮翅”。陈鑫《陈氏太极拳图说》（开明印刷局 1933 年版）中，有关于对“白鹅亮翅”释名的七言俚语两首：“闲来无事看白鹅，右翅舒展又一波。两手引来委峰势，奚殊秋水出太阿。”“元气何从识太和，右碾两手弄秋螺。北方引进神机足，亮翅由来有白鹅。”并加注赞颂云：“人之涵养，元气如鹅，伏而不动，以养精神。”现称的“白鹤亮翅”最早见于许禹生的《太极拳拳势图解》（京城印书局 1921 年版）的“白鹤亮翅式”：“此式分展两臂，斜开作鸟翼形。两手两足，皆一上一下，

一伸一屈，如鹤之展翅故名。华佗五禽戏之鸟形，婆罗门导引术第四式之鹤举、第十二式之凤凰展翅，闽之鹤拳均取此意也。”吴文翰在《武派太极拳体用全书》（北京体育大学出版社2001年版）中，对“白鹤亮翅”的式名做了比较妥帖解释：“本势旧名‘白鹅亮翅’。后人认为鹅呆头呆脑，步履蹒跚，不如白鹤翱翔长空，飘逸潇洒。又鹤是长寿之禽，从而易名‘白鹤亮翅’”。另有称为“白鹤晾翅”（见《太极拳体用全书·第八节》），“晾”的意思仅为把东西放在通风或阴凉的地方使干燥，“亮”则为显露、高洁之意，与拳式更为贴切，因此已被广泛使用。

② 身前：应为“左侧”。《太极拳体用全书·白鹤晾翅》相关拳式中已修正：“设敌人从我身左侧用双手来击。”

③ 稍往里转膝：词不达意。该动应该为，随着身体左转，跨出右脚，脚跟着地，后脚尖内扣，重心坐于右腿。

④ 正面：指正左面。

⑤ 左手由右而左而上落至胸前……手心朝上：即完成左抱球势。

⑥ 手，此字衍。

按：《太极拳释义》中说：此式为“斜开身形，练尾闾中正，虚灵顶劲。”

第八节　搂膝抝步①用法

图9　搂膝拗步用法

【说明】由前势。设敌人从我左侧下方用手或足来击，我将身往下一沉，实力暂寄于右腿。左足提起向前踏出一步，屈膝坐实，右足变虚。②左手同时上提，由内向下，将敌人之手或足搂至左膝外。右手亦同时随③下落，随往身后右侧，圆转而上至耳旁，掌心朝前，沉肩坠肘，

坐腕，腰前进，眼神亦随之前看，向敌人之胸部伸出按去，则敌人自跌。（图 9）

注释

① 拗步：拗，同“拗”，不顺畅之意。在太极拳架势中，凡左足在前而出右手状，或右足在前而出左手状，皆称为“拗步”。后同，不另注。

② 左足提起向前踏出一步……右足变虚：形成“左弓步”之势。

③ 随：此字衍。

第九节 手挥琵琶式用法

【说明】由前势。设敌人用右手来击或按我胸部。含胸屈膝坐实[1]，左脚随往后稍提，脚跟着地，脚掌虚悬，右手同时往后合收，缘[2]彼腕下绕过，即以我之腕黏贴彼之腕，随用手[3]拢合其腕内部，往右侧下採捺之。左手亦同时由左往前往上合收，以我掌腕中[4]黏贴彼之肘部，往右分错之，或两手心前后侧相映，如抱琵琶状，蓄我之势以观其变。（图 10）

图 10 手挥琵琶式

注释

① 含胸屈膝坐实：句前漏述“重心移到左腿，右脚向前跟半步”之动。句首漏“我即”，当为“我即含胸屈膝坐实”。“屈膝坐实”指屈右膝，坐实

于右腿。

② 缘：沿着、顺着。此为穿绕之意。

③ 手：右手。

④ 掌腕中：当为“掌腕中间”。

图 11　搂膝拗步用法

第十节　搂膝拗步用法

(动作及用法与第八节略同)（图 11）

第十一节　右搂膝用法

【说明】由前势。设敌人以左手或左足自下方来击，我即将右足向前迈出一步，屈膝坐实，身随右足拗转前进，左足不动，变虚。[1]急将右手屈回，由内将敌人左手或左足搂至右膝外。左时[2]同时往身后左侧圆转，至耳旁，掌心朝前向敌人胸部按去，则敌人自倒。肩腕及眼神与搂膝拗步同，身手足俱要同时合作。（图 12）

图 12　右搂膝用法

注释

① 设敌人……变虚：动作顺序描述有误。其意应该为，设敌人以左手或左足自下方来击，我即将身体向左转，此时左脚并非“不动”，“变虚”的目的是为了让左脚尖外辗，然后落重心于左腿，“屈膝坐实”，才能“将右足向前迈出一步”。

② 时：为“手”之误。

第十二节 左搂膝拗步

动作用法与右搂膝相同。（图 13）

图 13 左搂膝拗步

第十三节 手挥琵琶式

与第九节同。（图 14）

图 14　手挥琵琶式

第十四　进步搬拦捶用法[1]

【说明】由前式。设敌人用右手来击，我即将左足微往后左侧移动，腰随往左拗转，右足随往前右侧提出，变成拗步踏实。腰亦随往右转，两手同时稍往左向右往里圆转，屈回右手变拳，向敌人腕上粘贴绕[2]，手心朝上将敌腕叠住，或往右胁旁稍採，左手随腰转动时，由后左侧回转，向上经过左耳旁，向前往里用肘腕中间，将敌肘部里曲，用粘合之劲往外搬住，手心反向下，指尖略垂，向上亦可。左足随往前进一步，屈膝坐实，右拳随即向敌胸部击去。右足变虚，眼前看，腰随进攻，则敌人自应手而颠踬矣。如敌臂乘我搬时欲往上滑转，我速往上翻手腕拦之可也。(图 15)

图 15　进步搬拦捶用法

注释

① 进步搬拦捶用法：此节文字读来十分拗口，且难懂其意。在《太极拳体用全书·进步搬拦捶》中，文字经郑曼青做大幅度调整，其意甚明。录全篇如下："由前式。设敌人用右手来击，我即将左足微向左侧分开（注：左脚尖外辗），腰随往左扮转，左手即往后翻转至左耳边，手心向下，右手俯腕，随转至左胁（注："胁"为从腋下到肋骨尽处的部分）间，握拳翻腕向右转腰，右拳随之旋转至右胁下，此谓之搬。同时提起右脚，侧右（注：为"靠右侧"之意）踏实，松腰胯沉下，左手即从左额角旁侧掌平向前击，谓之拦。左足同时提起踏出一步，坐实，右足伸直，右手拳即随腰腿一致向前打出。然此拳之妙用，全在化人击来之右拳。先以我之右手腕，黏彼之右手腕，从左胁上搬至右胁下。其时，恐敌人抽臂换步，即将左手直前随步追去，寓有开劲。拦其右手时，即速将我右拳，向敌胸前击去，则敌不遑避，必为我所中。此拳之妙用，所以全在搬拦之合法也。"

② 绕：后缺"转"字，此应为"绕转"。

第十五节 如封似闭用法

图16 如封似闭用法

【说明】由前式。设敌人以左手握我右拳，我即将左手心缘①我右肘外面，向敌左手腕格去。右拳伸开，向怀内抽撤，撤至两手心朝里，如十字形。②同时含胸坐胯，随即分开，变为两手心向外，将敌肘腕封闭。③左向④着其腕，右手着其肘，急用长劲按出。眼前看，腰进攻，左腿仍屈膝坐实，右腿伸直变虚，⑤则敌必

往后仰仆矣。（图 16）

注 释

① 缘：字义同第九节注释②。

② 撤至两手心朝里，如十字形：《太极拳体用全书·如封似闭》："至两手心朝里斜交，如成一斜交十字封条形，使敌手不得进，犹如盗来即闭户，此谓之如封之意也。"

③变为两手心向外，将敌肘腕封闭：《太极拳体用全书·如封似闭》："变为两手心向敌肘腕按住，使不得走化，又不得分开，此谓之似闭。"

④向：为"手"之误。

⑤左腿仍屈膝坐实，右腿伸直变虚：即左弓步之势。

按：《太极拳释义》中解说："练习时，动作慢，要平均运行。"

第十六节 十字手用法

图 17 十字手用法

【说明】设有敌人由右侧自上打下，我急往右转身，两脚合步[①]，两手由下往上合起，作十字形，手心朝里，将敌之臂部掤住。如敌变双手按来，我即用双手将敌双手由内往左右分开，手心朝上向下均可。同时腰膝稍松，往下一沉，则敌人之力自散而不整矣。（图 17）

注 释

① 两脚合步：《太极拳体用全书·十字手》为："两脚直踏，如起式。"

第十七节 抱虎归山用法

【说明】由前式。设敌人自我后面右侧，用右手从下部击来，或用右足来踢我，即往右侧转身[①]，出右步，屈膝踏实，左腿伸直变虚。[②]右手随身转时，将敌右手或足搂至右膝外。左手同时由左侧往前腕[③]转运出，向敌面部按去。如敌又用左手自上打来，急用左手腕由敌左手腕下绕过粘住，右手同时圆转提起，用腕向敌肘上臂部贴住，同时两手往怀内左侧合收抱回，则敌人自站不定。此时要松肩，坐肘[④]，左足实，右足虚。（图 18）

图 18　抱虎归山用法

注释

① 即往右侧转身：句首漏“我”字。“往右侧转身”之前的动作叙述不详，左脚须先向右内扣，方能向右转身之。然后把重心移至左腿，方能出右脚踏出。

② 屈膝踏实，左腿伸直变虚：即右弓步之势。

③ 腕：为“圆”之误。

④ 坐肘：“坐”疑为“坠”之误。

第十八节 抱虎归山内之三式

图 19　攌抱图

攌抱图（图 19）

二挤图（图 20）

三按图（图 21）

注释：

按：《太极拳体用全书·第十九节·抱虎归山》后之攌、挤、按不另立一节，仅注："故下附揽雀尾三式，攌挤按同上。"《太极拳释义》中也不另立："此三图为抱虎归山，连带揽雀尾在内。"（图 19~ 图 21）

图 20　二挤图

图 21　三按图

第十九节 肘底看锤用法

【说明】由前势。如敌人自后方用右手来击，我即将右足向左移动，坐实，身随之转动，[①]胸含背拔，头顶[②]，腰松。左足当身将转过正面[③]时，提起落下，脚跟着地，脚掌虚朝前。两手随转身同时动作，左手侧向里，肘随肩松，由左往后侧平圆转，转至正面，我之腕臂[④]敌腕臂相交，随自上黏合，绕过下面，用虎口紧抱其上肘，手心向内略往上托，右手随握拳，转至右胁下，虎口朝上，向敌人胁部打出，眼神前看。（图 22）

图 22　肘底看捶用法

注释

① 我即将……身随之转动：叙述不详。“右足向左移动”实为：右足以脚跟为轴内扣。“身随之转动”为被动状，“腰为主宰”，实为身体左转而带动右足内扣。

② 头顶：顶头悬。后同，不另注。

③ 正面：由于本书演练拳架“各式方向均以上下、前后、左右、两侧表示之，不拘定于东西南北”（见“凡例”第六条），因此，“正面”为什么方位不甚明了，如设“起势预备”为面南而立，该“正面”的方位指正东面。

④ 腕臂：此后漏“与”字。全句应为“我之腕臂与敌腕臂相交”。

第二十节 倒撵猴左式[①]用法

图 23 倒撵猴左式用法

【说明】由前式。敌人用右手当胸打来，我即将左手腕中间向敌右肘部里曲处，用半圆黏合沉劲向左往外搂出，[②]则敌必随之往左倾斜。左脚随往后退，坐实。头顶，肩松，背拔胸含。右脚不动变虚，右手同时往后右侧环转，而以上备敌人用左手来击。[③]（图 23）

注释

① 倒撵猴左式："左"为"右"之误。接"肘底看捶"后的"倒撵猴"为右式。

② 我即将左手腕……往外搂出：里，内侧。曲，弯曲。黏合，黏贴于"敌右肘部"内侧弯曲处。左臂向外"搂出"的动作不应该是主动，只是随腰而略前撑外带，是"肘底看捶"一式的延伸，为长劲。

③ 右手同时……用左手来击：该式描述未尽。至定势时应该为右掌向前完成推按。在《太极拳体用全书·倒撵猴》中，描述较为完整："右手同时向后分开，至其失却握力时，急向前按去。"

第二十一节 倒撵猴右式[①]用法

【说明】由左势。设敌人以左手来击，我即将右手往前略往下，用腕中间粘合敌人肘部里曲，向右往外化出。其身法、步法、与各姿势均与左[2]式同。练法：退三步、五步、七步均可，但右手只至前[3]为止。（图 24）

图 24　倒撵猴右式用法

注释

① 倒撵猴右式："右"为"左"之误。

② 左：为"右"之误。

③ 右手只至前：只，疑为"推"之误。《太极拳释义》作"右手伸前坐掌"。

第二十二节　斜飞式用法

【说明】由前式。如敌人自右侧面向我上部打来，我急用右臂向敌人右臂外侧挒，右足同时向右侧出步。如敌人用下压我臂腕，我即乘势往下稍沉，劲随，即将左手上提，提至敌腕上面，手心向下，贴合其腕，往我左侧略施採意。左足暂坐实，随将右手向敌右臂下抽出，顺势用腕部侧面向敌上胁挒去，手心侧向里。右脚变实，右[1]脚为虚，眼神随去，身亦右攻，则敌自歪而倒矣。（图 25）

图 25　斜飞式用法

注释

① 右：为“左”之误。

第二十三节 提手用法

同前。（图 26）

图 26 提手用法

第二十四节 白鹅亮翅用法

同前。（图 27）

图 27　白鹅亮翅用法

第二十五节 搂膝拗步用法

同前。（图 28）

图 28　搂膝拗步用法

第二十六节 海底针用法

图 29 海底针用法

【说明】由前式。设敌人用右手将我右腕牵动，我即屈右肘将手腕往回一提，手心向左，左脚随之收平①，脚尖点地，右脚坐实。如敌再将我手腕往下採去，我即将右腕顺势松劲，往下一沉，腰随坐下②，身往前回俯下低③，眼神前视，右④腿仍虚，则敌人之手力自懈。（图29）

注释

① 平：为"回"之误。

② 腰随坐下：坐，疑为"沉"之误。"腰随之下沉"之意。

③ 身往前回俯下低："折腰俯身下蹲"之意。该句之后缺手法叙述，"海底针"的"针"指的是指法，以针喻指。《太极拳体用全书·海底针》有右手"指尖下垂，其意如探海底之针"。

④ 右：为"左"之误。

按：《太极拳释义》在此式"功能"中解曰："练脊骨，壮腰肾。"

第二十七节 扇通臂用法

【说明】由前势。设敌人又用右手来击，我同时急将右手由前往二往右提起，起至右额角旁随起[①]，随将手心翻向外，以托敌右手之劲。左手同时提至胸前，用手掌冲开之劲，向敌胁部撑去。可[②]沉肩、坠肘，坐腕、松腰。左脚同时向前踏出，屈膝坐实，脚尖朝前，右腿伸直变虚。身正向右[③]，含骑马裆[④]式。惟[⑤]眼神随左手前看，则敌人自不能支持矣。（图 30）

图 30　扇通臂用法

注 释

① 起至右额角旁随起："起"和"随起"三字衍。

② 可：此字衍。

③ 向右：设"起势预备"为面南而立，该"向右"的方位指东南面。

④ 骑马裆：为侧弓步。裆，为武术术语，指人体两大腿内侧交界处，即耻骨联合与尾骨之间的部位。

⑤ 惟：此字衍。

按：《太极拳释义》在此式"功能"中解曰："练膀臂力。"

第二十八节 撇身捶用法图[①]

【说明】由前式。设敌人自身后照脊背或胁[②]间用右手打来时，我即将右足抬起，向后偏右移动落下，足尖向前[③]，变实；右足尖向右转[④]，变虚；腰身随转入正面。[⑤]右手同时由上圆转向右肋[⑥]侧落下，随握拳，用腕部外面，手[⑦]心朝上，将敌右手腕叠[⑧]住，同时左手圆转由左侧收回胸前，急向敌人伸去。（图 31、图 32）

图 31　撇身捶用法图一

图 32　撇身捶用法图二

注释

① 图：此字衍。

② 胁：指从腋下到肋骨尽处的部分。

③ 向前：设“起势预备”为面南而立，该“向前”的方位指正西面。

④ 右足尖向右转：右，为“左”之误。尖，该字多余。右转，左脚向右扣转。

⑤ 设敌人自身后……腰身随转入正面：动作顺序为，起右脚向西迈出，再左脚尖扣转，再腰身转向西面。此顺序叙述有误。“设敌人自身后……用右手打来时”，我身体必先向右转，同时带动左脚尖内扣后，右脚才有可能提起向正西面迈出。

⑥ 肋：指胸部的两侧。

⑦ 手：为“拳”之误。

⑧ 叠：重复，疑为“压”之误。

第二十九节 进步搬拦捶用法①

【说明】由前势。设敌人将被叠之手向左用力拨时，我之右手腕稍随松劲，急用左肘腕中间向敌右肘里曲贴，往外搬开，肘尖略向上，手心朝外，指尖略向下，随用右捶直向敌之胸部打去。此时左足向前迈出一步，屈膝坐实，右足尖就原地稍向右移转②，变虚，眼前看，腰进攻，则敌自往后跌出矣。（图 33）

图 33 进步搬拦捶用法

注释

① 注解同于第十四节。

② 移转：外辗。

第三十节 上步揽雀尾用法

同前。

上为揽雀尾内之搬挤按三式。（图 34~ 图 36）

图 34 上步揽雀尾搬一

图 35　挤 二

图 36　按 三

第三十一节　单鞭式用法

同前。（图 37）

图 37　单鞭式用法

第三十二节 抎①手用法右式

【说明】由前势。设敌人自前面右侧用右手击我胸部或胁部，我即将右手落下，手心向里，由左而上往右翻转，抎出至敌腕臂外间，手心向下，往右化去。左手同时随落下，手心向下，随往右抎云，身亦随右手拗转，眼神亦同时看去。右足往右侧挪步，坐实。左足亦略有向右移动之意，稍虚。则敌人之位置自然错乱矣。（图 38）

图 38　抎手用法右式

注释

① 抎：丧失、失去。如《春秋传》："抎子，辱矣。"以"抎"作动词有误，此处的动作要领各含"掤、按、挑、捌"等法。

按：陈鑫《陈氏太极拳图说》、牛春明《牛春明太极拳》作"运手"，武式作"纭手"，杨式有称为"均手""匀手"或"抎手"的，《太极拳体用全书》中改称为"云手"。"运""纭""匀""抎"，字义各异，而古今读音相同，名同字异的原因是口授时所误，或转抄时笔误所致，也不排除各拳派根据自身理解而做出改动。若仅凭式名来求解其动作之意义，确定其动作之规范，则恐怕涉入牵强之谬误。

第三十三节　抎手左式

左右用法同，自悟方向而已。（图 39）

图 39　抎手左式

第三十四节　单鞭用法

同前。（图 40）

图 40　单鞭用法

第三十五节 高探马用法图[1]

【说明】由单鞭式。设敌人用左手自我左腕下绕过往右挑拨，我随将左手腕略松劲，手心朝上，将敌腕叠住，往怀内採回。左脚同时提回，脚尖着地，松腰，含胸，右腿稍屈膝坐实。同时急将右手由后而上圆转向前，往敌人面部用掌探去。眼前看，脊背略含，有探拨前进之意。（图 41）

图 41　高探马用法

注释

① 图：此字衍。

第三十六节 右分脚用法

【说明】由前势。设敌人用右[1]手接我探出之右腕，我随用右腕闭住敌之右[2]腕。坠肘沉肩，即将敌左臂向左侧搌去。同时左手粘住敌人左腕，手心向下，暗有探劲。左脚同时向前左侧迈出，坐实。身随进，将右脚向左[3]提起，用脚背向敌人右胁踢去，随将两手向左右分开，眼随右手看去，则敌势自不支。（图 42、图 43）

图 42　右分脚搬式用法

图 43　右分脚

注 释

① 右：为“左”之误。参见《太极拳体用全书·右分脚》。

② 右：为“左”之误。参见《太极拳体用全书·右分脚》。

③ 左：为“右”之误。

第三十七节 左分脚用法

与右同。

【说明】三十七图为左分脚，与右式用法、练法皆同，就是左右方向不同①，同志将右之方法反左，自己领悟就知，毋须再赘。无论前后②，凡有同样图左、右方向，自想而知矣。（图 44、图 45）

注 释

① 方向不同：设起势时身体为面向正南，右分脚方向则为东南方，左分脚方向则为东北方。

② 无论前后：指本书内容前后。

图 44　左分脚搌式用法

图 45　左分脚

第三十八节　左转身蹬脚用法

【说明】由左分脚式。设敌人从身后用右手打来，我即将身向左正方[1]转动，顶劲，含胸拔背，松腰。右脚就原地[2]稍向左转，仍实。左腿悬提，随腰转时脚尖朝下，向敌胸部蹬去。蹬时用脚跟，脚指[3]朝上，两手同时随腰转时，向下往上捧合，与左脚蹬出时，向左右分开，眼神随往前看去，则敌自倒矣。（图 46）

图 46　左转身蹬脚用法

注释

① 左正方：设起势时身体为面向正南，该“左正方”则指西北方。

② 就原地：以脚跟为轴。

③ 脚指："指"与"趾"在古代汉语中相通。

第三十九节 左搂膝用法

同前。（图 47）

图 47 左搂膝用法

第四十节 右搂膝用法

同前。（图 48）

图 48　右搂膝用法

第四十一节　进步栽锤用法

图 49　进步栽捶用法

【说明】由前式。右手搂出时，设敌人用右腿踢来，我即用左手将敌右腿由里往左搂开，左足同时向前迈出，屈膝坐实。随将右手握拳，向敌右膝击之。亦可右腿伸直，变虚，腰身略俯下平曲①，胸含，眼前看，则敌自站立不稳矣。（图 49）

注释

① 平曲：平，脊背斜中正直。曲，腰胯俯折前倾。

第四十二节 翻身撇身锤用法

【说明】由前势。设人[①]用右手自身后来击，我急将身由右往后翻转，转入正面[②]。右手同时提起，由左往右圆转，屈肘，用腕将敌腕叠住，手[③]心朝上，暗用採劲。左手同时转过胸前，向敌人面部用掌跟捌去。左足尖向右稍转动[④]，右腿速提起向前右侧落下，坐实，左腿变虚，眼神随往前看去。（图 50、图 51）

图 50 翻身撇身捶用法一

图 51 翻身撇身捶用法二

注释

① 人：前应补“敌”字。

② 正面：设起势时身体为面向正南，该“正面”则指正西方。

③ 手：为“拳”之误。

④ 转动：内扣。

第四十三节 进步搬拦锤用法[1]

图 52 进步搬拦捶用法

【说明】由前式。设敌人用右臂将我右腕掤起，我急将左手腕乘势将敌右肘里曲贴合，往外搬住。右手握拳向敌胸部冲出打去，虎口朝上，左腿向前迈步，屈膝坐实，右脚变虚。眼前看，腰进攻。以上身、手、足各部俱要同时合作，则敌必应手而倒矣。（图 52）

注释

① 注解同于第十四节。

第四十四节 右蹬脚用法

图 53 右蹬脚用法

【说明】由前势。设敌人用左手将我右臂向左推出，此时将我[1]右腕顺势由[2]敌人手腕下缠裹[3]，自右往左捌开，随将右脚向敌人正面[4]蹬出。左脚尖同时向左稍转[5]，坐实，身亦随往左转入正面[6]。头顶，背拔，眼神随右脚蹬时[7]看去。（图 53）

注释

① 将我：为“我将”之误。

② 由：为“在”之误。

③ 裹：为“绕”之误。

④ 正面：设起势时身体为面向正南，该“正面”则指东南方。

⑤ 稍转：指外辗。

⑥ 随将右脚……身亦随往左转入正面：动作顺序叙述有颠倒之误，应该为，先身体略向左转，带动左脚外辗，重心移于左腿后，随将右脚提起向敌人蹬出。

⑦ 时：为“方向”之误。

第四十五节 左打虎式用法

图 54 左打虎式用法

【说明】由前式。设敌人由左前方用左手打来，我将右足落下，左足随往左侧提[①]出，屈膝坐实，右足变为虚，身此时略成骑马裆[②]形式，面向左正方[③]。两手同时落下，随落随往左合转，用右手将敌左腕扼[④]住，往左侧下採去。左手变拳，由左外翻转上，招[⑤]至左额角旁，手[⑥]心向外，急向敌人头部或背部打去。头顶，腰松，眼神随左手看去。（图 54）

注释

① 提：为“踏”之误。

② 骑马裆：为侧弓步。此处为左侧弓步。

③ 左正方：设起势时身体为面向正南，该“左正方”则指西北方。

④ 扼：掐捏。

⑤ 招：为“转”之误。

⑥ 手：为“拳”之误。

第四十六节 右打虎式用法[①]

图 55 右打虎式用法

【说明】由左式。设敌人自后右侧用右手打来，我即将右足提起，向右侧迈去，屈膝坐实，略成跨马式[②]。腰随之往右侧前方拗转，左腿变虚，两手同时随落，随往右合转，用左手将敌右腕扼住，往右侧下採去。右手变拳，由右外翻转上，招[③]至右额角旁，手心向外，急向敌人头部或背部打去。顶劲，松腰，眼神随右手看去。（图 55）

注释

① 右打虎式用法：此式用法与注解同上，仅为左式、右式而已，无二殊。

② 跨马式：即骑马裆。此处为右侧弓步。

③ 招：为“转”之误。

第四十七节 回身右蹬脚

同前。（图 56）

图 56 回身右蹬脚

第四十八节 双风贯耳用法

图 57 双风贯耳用法

【说明】由前势。设敌人自右侧用双手打来，我急将左脚尖稍向右转①，仍实②。右脚同时向右侧悬③转，膝上提，脚尖朝下，身同时随转。速将两手背由上往下将敌人两腕往左右分开叠住。头顶，腰松，背拔胸含。随将两手握拳，由下往上向敌人双耳用虎口贯④去。右脚同时向前落下，变实，眼前看，身略有进攻意。此时左足变虚。（图 57）

注释

按：双风贯耳，有作“双峰贯耳”“双封贯耳”的。“双风”者，喻双拳速度激如飓风；“双峰”者，喻双拳力度如山峰夹击；“双封”者，喻双拳左右封闭圈打，虽音同字异，而其意一致。贯，在动词状态时，意为“通”“穿”，本不作技击字义解。在此同“掼”，两拳钳状，以掼击敌双耳，所谓形到意到。

① 右转：向右内扣。

② 仍实：仍然踏实。

③ 悬：本义为吊挂。此处喻左脚上提。

④ 贯：为“掼”之误。

第四十九节 左蹬脚用法

【说明】由前式。设有敌人自左侧胁部来击①，我急用左手将敌右手臂②粘住，由里往外捌开。左足同时往前招③起，照敌胸胁部蹬去。右手随往右分开，此时右足在原地微有移动④，仍坐实。头顶，背拔，眼神随往前看去。（图 58）

图 58 左蹬脚用法

注释

① 设有敌人自左侧胁部来击：此句意为设有敌人自左侧向我胁部来击。

② 臂：为“背”之误。

③ 招：为“提”之误。

④ 移动：外辗。

第五十节 转身蹬脚[①]用法

图 59 转身蹬脚用法

【说明】接前式。如有敌人从背后左侧打来时，我急将身往右后边转成正面[②]，左脚同时随身转时收回，随收随往右悬转，[③]落下坐实，脚尖向前，此时，右脚掌为一身转动之枢纽[④]。两手合收，随身至正面，急用右手腕将敌肘腕粘住，自上而下向左捌出，右脚同时招[⑤]起，向敌胸胁部踢[⑥]去，左手随往左分开。（图 59）

注释

① 转身蹬脚：应为“转身右蹬脚”。

② 正面：设起势时身体为面向正南，该“正面”则指正东方。

③ 左脚同时随身转时收回，随收随往右悬转：其意为左脚屈膝回收，屈膝上提，随身体向右后转。

④ 右脚掌为一身转动之枢纽：枢纽，关键之处。此句意为以右脚掌为轴，身体以纵轴而转动。也有以脚跟为轴而转动的练法。

⑤ 招：为“提”之误。

⑥ 踢：为“蹬”之误。

第五十一节 进步搬拦锤

同前。（图 60）

图 60 进步搬拦捶

第五十二节 如封似闭

同前。（图 61）

图 61 如封似闭

图 62　十字手

第五十三节　十字手

同前。（图 62）

第五十四节　抱虎归山

同前。（图 63）

抱虎归山内之三式（抱与搌不同）。（图 64~ 图 66）

图 63　抱虎归山

图 64　搌式一

图 65　挤式二

图 66　按式

第五十五节　斜单鞭（与前方向不同）

（图 67）。

图 67　斜单鞭

第五十六节 野马分鬃右式用法

图 68 野马分鬃右式用法

【说明】由前式。设敌人自右侧进左步用左手打来，我即将身右转，抽回右足，脚尖虚点地，随用左手将敌左腕牵住，往左侧下略有採意。同时急上右足，屈膝坐实，左足变虚，随用右腕向敌腋下分去[①]，左手亦随之松开。此时，身随进，眼前看，则敌自歪斜而不能立矣。（图 68）

注释

① 分去："分"字不妥，此为"挒"劲，应为"挒去"。

第五十七节 野高[①]分鬃左式用法

【说明】由右式。如敌人自左前侧方用右手打来，我用右手将敌右腕牵制，随进左手左足，余式皆与右同。（图 69）

图 69 野马分鬃左式用法

注释

① 高：为"马"之误。

第五十八节 揽雀尾[①]

(图 70~ 图 73)。

图 70 揽雀尾掤式一

图 71 握式二

图 72 挤式三

图 73 按式四

注释

① 揽雀尾：此节下应补“同前”两字。

第五十九节 单鞭用法

同前。（图 74）

图 74 单鞭用法

第六十节 玉女穿梭头一手左式[1]用法

图 75 玉女穿梭头一手左式用法

【说明】由单鞭式。设敌人从后右侧用右手自上打下，我即将身右转，右脚随即提回左脚前[2]，急用右腕将敌右腕外面掤住。左脚同时前进，屈膝坐实[3]，左[4]脚虚。再用左腕由敌肘腕里面往上偏左圆活掤起，随将右手腾[5]出，向敌胸胁部按去。头顶，腰松，胸含背拔，眼前看则敌自倾。（图 75）

注释

① 玉女穿梭头一手左式：即“左玉女穿梭”。

② 我即将身右转，右脚随即提回左脚前：将身右转时，缺少“左脚内扣”之动作描述。“提回左脚前”是指右脚提起，向左前方迈出。

③ 屈膝坐实：屈膝坐实于左腿。
④ 左：为“右”之误。
⑤ 腾：空出来，挪移。

第六十一节 玉女穿梭第二手右式[①]用法

【说明】接前式。如敌人由身后右侧用右手劈头打来，我即将左脚往里稍转[②]，右脚同时向后右侧出[③]步，屈膝坐实，身随向后往右拗转，左脚变虚，急用右腕由敌右臂外粘住，往上右侧掤起，随将左手向敌右胁按去，则敌自倒。（图 76）

图 76　女穿梭第二手右式用法

注释

① 玉女穿梭第二手右式：即“右玉女穿梭”。
② 往里稍转：内扣。
③ 出，为“撤”之误。

第六十二　玉女穿梭

三式[①]用法与第一式同。（图 77）

注释

① 三式：即“第三式”左玉女穿梭。

图 77　玉女穿梭三式

第六十三　玉女穿梭

四式[1]用法与第二式同。（图 78）

图 78　玉女穿梭四式

注释

① 四式：即“第四式”右玉女穿梭。

第六十四节 揽雀尾

同前。（图 79~ 图 82）

图 79 揽雀尾掤式一

图 80 搌式二

图 81 挤式三

图 82 按式四

第六十五节 单 鞭

无论前后[1]，单鞭与抎手二姿式相同，练法与用法亦相同。（图 83）

图 83 单 鞭

注 释

① 无论前后：指本书套路文字介绍中的前后。

第六十六节 抎 手

（图 84、图 85）。

图 84 右抎手

图 85 左抎手

第六十七节 单鞭下式用法

【说明】由单鞭已出之左手。如敌人以右手将我左手往外推去，或用力握住，我即将右腿往后坐下，左手同时用圆活裹[1]劲收回胸前；或敌用左手来击，我急用左手将敌左腕扼[2]住，往左侧下採去。亦可右腿与腰身同时坐下，以牵彼之力而蓄我之气。（图 86、图 87）

图 86　单 鞭

图 87　单鞭坐下式

注 释

① 裹：缠绕，《说文》："裹，缠也。"

② 扼：掐捏。

第六十八节 金鸡独立右式用法

由上式[1]。如敌人往回拽其力，我即顺势将身向前向上钻[2]起，右

图 88　金鸡独立右式用法

腿随之提起，用膝向敌腹部冲去[3]。右手随之前进，屈肘，指尖朝上，以闭敌人左手。此时左脚变实，稳立，头顶，背拔。右手随进时，或牵制敌人左右手，亦可不必拘执[4]。（图 88）

注释

① 由上式：句前漏“说明”两字。

② 钻：为“站”之误。

③ 冲去：冲，撞。去，为“击”之误，意为撞击。

④ 拘执：拘泥固执。

第六十九节　金鸡独立左式用法

图 89　金鸡独立左式用法

【说明】由右式。设敌人用右拳打来，我右手沉下，速起左手托敌肘，提左腿与右理同[1]。（图 89）

注释

① 与右理同：右，指“金鸡独立右式”。理，指“用法”。

第七十节 倒辇猴

同前。（图 90、图 91）

图 90 左倒辇猴

图 91 右倒辇猴

第七十一节 斜飞式

同前。（图 92）

图 92 斜飞式

第七十二节 提 手

同前。（图 93）

图 93 提 手

第七十三节 白鹤亮翅

同前。（图 94）

图 94 白鹤亮翅

第七十四节　搂膝拗步

同前。（图 95）

图 95　搂膝拗步

第七十五节　海底针

同前。（图 96）

图 96　海底针

第七十六节 山通背

同前。（图 97）

图 97 山通背

第七十七节 转身白蛇吐信

此式与撇身锤同，惟第二式变掌，用法在指在掌耳[①]。（图 98、图 99）

图 98 转身白蛇吐信式一

图 99 转身白蛇吐信式二

注释

① 耳：文言助词，而已，罢了。

第七十八节 搬揽锤

同前。（图 100）

图 100 搬揽捶

第七十九节 揽雀尾式用法

同前。（图 101~ 图 103）

图 101　揽雀尾搌式一

图 102　挤式二

图 103　按式三

第八十节　单鞭式用法

同前。（图 104）

图 104　单鞭式用法

第八十一节 扐手用法

同前。（图 105、图 106）

图 105　扐手右式

图 106　扐手左式

第八十二节 单鞭用法

同前。（图 107）

图 107 单鞭用法

第八十三节 高探马代穿掌

（图 108）。

图 108 高探马代穿掌

第八十四节 十字单摆莲用法（即十字腿）

【说明】由前式。设敌人自身后右边用右手横混①打来，我急将身向右正面②扭转，左臂同时翻转屈回，与右臂上下相映时，急向身后右侧探手③，由敌右腕里边往外粘去，同时急将右腿提起，用脚背之混④劲，向敌右肋部踢去，则敌必应脚而出矣。（图 109）

图 109　十字单摆莲用法

注释

按：在杨式太极拳传统套路中，该势的两种练法都包括在此式名中。其一为“十字单摆莲”，亦有称为“单摆莲”或“转身单摆莲”的，即右腿就势向前扫踢时，左掌向前迎拍右脚面。其二为“十字腿”，即此式“说明”所叙，右腿向前蹬出，如同“右蹬脚”之式。在杨健侯所传“中架”套路中，此式练法为“单摆莲”。在杨澄甫所传“大架”套路中，原先练法为“十字腿”，后改为“单摆莲”，在崔仲三编著《杨式太极拳体用图解》中，记有崔毅士关于这一改动所述：“杨（澄甫）老师提到拳术套路中蹬脚的动作比较多，只有一个双摆莲动作，显得有些单调，变动一下，使得套路中前有单摆莲，后有双摆莲，不仅前后动作有相互呼应之意，而且也丰富了腿法的变化。”不过，在杨澄甫的弟子，如牛春明、董英杰、陈微明、李雅轩、杨振铎、曾昭然等人的拳著中，此式均为“十字腿”。自幼时就在杨家习拳的田兆麟在《太极拳刀剑杆散手合编》中说：“（单摆莲）斯种练法虽含有衬腿极佳用法，但无腰腿功夫者不易练习，故今人都改为上式（十字腿）。”顾留馨著《太极拳术》中亦记：“十字腿这个拳势，原来的练法是单摆莲腿，现在名称未改，仍是‘十字腿’，但练法改为右蹬脚的动作。这是当年杨澄甫老师南下到上海授拳，为了‘十字腿’练法对年老体弱者不能适应，就修订为右蹬脚的动作。”由此可见，在传统套路中，“单摆莲”和“十字腿”两种练法虽难易各异，应时应地应人而变动，但技击含义略同，因此，在套路习练中不作定规。

① 横混：混，胡乱，疑为误字。横混，可作横向解。

② 右正面：设起势时身体为面向正南，该“右正面”则指正西方。

③ 探手：探，伸，伸手。

④ 混：此处为“横”之误。

第八十五节 进步指裆捶用法

图 110 进步指裆捶用法

【说明】接前式。如敌人往回撤手时，我即将右足落下，同时左足前进，屈膝坐实。在此时，设敌人再用右足自下来踢，急用左手将敌右足往左膝外搂开，右手随即握拳，向敌腹部指[①]去。身微俯式，眼神随之前看。（图 110）

注释

① 指：为“打”之误。

第八十六节 上步揽雀尾用法

同前。（图 111～图 113）

图 111 揽雀尾掤式一

图 112 挤式二

图 113 按式三

第八十七节　单鞭下式用法

同前。（图 114、图 115）

图 114　单　鞭

图 115　单鞭坐下式

第八十八节　上步七星用法

图 116　上步七星用法

由上式[①]。设敌人用右手自上劈下，我即将身向左前进[②]，两手同时集合，交叉作七字形[③]，手[④]心朝里掤住，向敌用拳直打亦可。右腿在两手交叉时提起，用脚背踢去，左脚变实。拔背含胸，头要顶劲，眼神往前注视，则我身自稳固矣。（图 116）

注释

① 由上式：句前漏“说明”两字。

② 向左前进：重心向左脚前移。其后漏述“左脚外辗”“右脚内扣”必要之说明。

③ 七字形：字，为“星”之误。意指在定势时，头、肩、肘、手、胯、膝、脚七个出击点的分布位置犹如北斗七星，而得其名，也有称作“七星势”或“七星捶”的。

④ 手：为“拳”之误。

第八十九节 退步跨虎式用法

【说明】由前式。设敌人再用双手从我头之两旁合击，我即将两腕粘在敌两腕里边，左手往左侧下方沾去，右手往右侧上方沾起，两手心随之反转向外。右脚随往后落下坐实，腰随往下沉劲。左足随之稍后提，脚尖点地，拔背含胸，头顶劲，眼神前看。（图 117）

图 117　退步跨虎式用法

第九十节 转身双摆莲用法（又名转脚[①]摆莲）

【说明】由前势。设敌人自我身后用右手打来，我即将右脚掌就原地[②]向右后方[③]拗转[④]，身随圆[⑤]转，左脚亦随之悬转[⑥]，转至右脚后方落下坐寔[7]。同时两手随身合转，转至紧挨敌右肘腕粘住，随缠绕腕之里面，往左捌去，急用右脚背向敌胸胁部踢去。左脚踏实，松腰，头顶劲，眼神向敌人看去，右手随往右分开。（图118）

图 118　转身双摆莲用法

注释

① 脚：为“身”之误。

② 右脚掌就原地：意为右脚以前脚掌为轴，脚跟向内碾转。

③ 右后方：设起势时身体为面向正南，该“右后方”则指西南方。

④ 拗转：拧转。

⑤ 圆：疑为“右”字之误。

⑥ 悬转：悬，悬挂、提起。意为左脚顺势提起随体右转。

⑦ 寔：同“实”。

第九十一节　弯弓射虎用法

图 119　弯弓射虎用法

【说明】由前式。设敌人往回撤身时，我即将右手随敌右手黏去，随绕过腕外面，握拳打出，左手同时沉在敌右肘弯曲处。右脚随往右落下坐实，腰下沉劲，如骑马裆样式。左脚变虚，如练法图与后三十七对图解说，少[1]有不同，是各有意思[2]，皆对太极变化[3]不能拘一。（图 119）

注释

①少：稍，略微。

②意思：道理。

③变化：变通。

第九十二节 进步搬拦捶用法

同前。（图120）

图120 进步搬拦捶用法

第九十三节 如封似闭用法

同前。（图121）

图 121　如封似闭用法

第九十四节　由如封似闭作十字手式

同前。收式变为合太极①。（图 122）

图 122　合太极

注释

① 合太极：返回“无极式”，为整个套路结束动作姿势。

十三势歌

十三势来莫轻视，命意源头在要隙。①
变转虚实须留意，气遍身躯不少滞。②
静中触动动犹静，因敌变化示神奇。③
势势存心揆用意，得来不觉费功夫。④
刻刻留心在腰间，腹内松净气腾然。⑤
尾闾中正神贯顶，满身轻利顶头悬。⑥
仔细留心向推求，屈伸开合听自由。⑦
入门引路须口授，功夫无息法自休。⑧
若言体用何为准，意气君来骨肉臣。⑨
想推用意终何在，益寿延年不老春。⑩
歌兮歌兮百四十，字字真切义无遗。⑪
若不向此推求去，枉费工夫贻叹息。⑫

注释

按：“十三势歌”是十三势长拳（太极拳前称）的古歌诀，在《太极拳经》乾隆抄本中为“十三势歌诀”，杨氏、武氏、李氏拳谱中都收录，武氏、李氏《廉让堂太极拳谱》中为“十三势行功（工）歌”，陈微明《太极拳术》中为“十三势歌”。《太极拳经》乾隆抄本中此歌诀被列为第六首，对照字数、措辞风格和古代语法修辞来看，与其他古歌诀尚无协调之处，疑为后人在流传转抄时将其与其他古歌诀混杂集册。由于歌诀蕴含的拳术思想与王宗岳拳谱一致，故普遍认为此歌诀与《太极拳论》《太极拳释名》《打手歌》四篇均出于清代山西王宗岳之笔，此说颇为牵强，其一，此歌诀在措辞风格和行文习惯上与《太极拳论》等篇大相径庭；其二，王宗岳《太极拳论》是“太极拳”名最早出现的首篇，既然如此，该歌诀名理应对应其他两篇，称《太极拳歌》才合理。

唐豪在《廉让堂本〈太极拳谱〉考释》中说：“王宗岳足迹不出黄河之南，可证长拳十三势在乾隆时代已由温县陈沟外传。”其中“由温县陈沟外传”之说，也只是论据不足的探讨而已。

① 十三势来莫轻视，命意源头在要隙：“势来”应作“总势”，有谱作“十三势势”，古太极拳有多种习练形式，据杨家所传，按开展与紧凑可分为大、中、小架，按姿势的高低可分为低、中、高架等，总的来说，各种拳式的拳理和招式运用基本相同。轻视，不重视，有谱作“轻识”。要，为“腰”之误。命意，寓意，为文与作画时的构思，古文化中谓之“心”，如《黄帝内经·灵枢·本神》：“可以任物谓之心，心有所忆谓之意。”“以心行气”“以气运身”而“主宰于腰”，本句意为：用作为最高主宰的心来支配全身，发动源头在腰隙。

② 变转虚实须留意，气遍身躯不少滞：变转，有谱作“变换”。留意，关心，有谱作“留神”。少，稍，略微。滞，凝聚，不流通。

③ 静中触动动犹静，因敌变化示神奇：触，知觉，感触，“因敌变化”而产生“静中触动”，继而“虽动又静”。示，有谱作“是”。

④ 势势存心揆用意，得来不觉费功夫：揆，揣测，有谱作“须”。存心揆用意，有谱作“揆心须用意”。意，指精神功能。功夫，武术技能，疑为

“工夫”之误。费工夫，耗费的时间和精力。两句意为：在心里用意念揣测，来支配每一势动作，能收获本事，想不到是需要耗费很多时间和精力的。

⑤刻刻留心在腰间，腹内松净气腾然：刻刻，每时每刻。留心，关注。腰间，指腰际部位。松净，有谱作“松静”。腾，上升。然，副词，在句尾表示肯定的语气，同“焉”。

⑥尾闾中正神贯顶，满身轻利顶头悬：中正，有谱作“正中”，同义。顶，头顶。神贯顶，形容精神提起，与“神内敛”和“虚灵”同义。轻利，不费力、灵巧，是对“变转虚实须留意，气遍身躯不少滞”的概括。顶头悬，头顶如被悬提，是古歌诀中的“顺项贯顶”、王宗岳注文中的“顶劲”“提顶”的另一种称谓。

⑦仔细留心向推求，屈伸开合听自由：向，介词，同现代汉语“对”。推求，推敲、寻求、体悟。屈伸，即“随屈就伸”“粘黏连随”。开合，展放和收缩，太极拳的“开合”主要是指“内开外合”，发劲也是“屈伸开合”的反映，亦指太极拳的所有活动过程。听，任凭。自由，由己做主，“听自由”亦为王宗岳所说的“从心所欲”，是太极拳达到“懂劲”的境界。

⑧入门引路须口授，功夫无息法自休：引路，领路，有谱作“道路”。口授，口头传授。息，停止。法，方法。休，歇息、停止，疑为“修”之误。修，钻研，学习。自修，自我钻研。两句意为：功夫的习练是无止境的，在方法上靠的是自我不断学习和钻研。

⑨若言体用何为准，意气君来骨肉臣：若，连词，相当于现代汉语的“至于”，用在句首以引起下文。体用，指本体和作用。准，标准、准则。上文之“准”，指学练十三势长拳必须遵循的纲要性的标准和法则。气，指精神，与“气遍身躯”之“气”是两个概念。君，指古代大夫以上的统治者，引申为主宰、统治、至高无上。臣，古代称国君所统属的官吏等，引申为配属，如《礼记·乐记》：“宫为君，商为臣。”指第二位的。两句意为：至于十三势长拳的学习锻炼以什么作为纲要性的准绳呢？那就是精神，是以精神锻炼为实质，而肢体动作的锻炼则是辅助的。

⑩ 想推用意终何在，益寿延年不老春：想推，即“推想”之错序，为推研、推究思索之意，有谱作“详推”，为详细推究的意思。用意，意图。终，到底、终究之意。何在，原为在哪里的意思，这里引申为是什么。全句意为：推究学练与终生锻炼的意图到底是什么呢？

⑪ 歌兮歌兮百四十，字字真切义无遗：兮，文言助词，相当于现代的“啊”或“呀”，有谱作“歌兮歌兮百卌字”。卌，音 xì，意为“四十”。遗，有谱作“疑”，误。此处应为遗漏意。两句意为：这首歌一共有一百四十个字（指前面二十句，后四句为总结），全部阐明了十三势长拳的拳理，没有遗漏一处明确的道理。

⑫ 若不向此推求去，枉费工夫贻叹息：习练者如果不像歌诀所述的那样去研究追求，那就是白白耗费时间精力，最后只能为达不到结果而叹息。

按：对于老拳谱中的一些文献，大部分人是从推手这个角度来解释的。其实，推手只是习练拳架和散手搏击之间一种过渡的训练项目，而其最终习练目的，则为练就散打搏击的技击技术。太极拳为武术，武术如“武”字之形，是上为战斗（戈），下为停止（止）的格斗技术，也就是使用打斗搏击等手法，来达到征服对手，而起到停止战斗目的之技术。前人习武，并非仅为“和平共处”的推手而练，因此，对于早期的拳谱和武学著述仅理解为推手技术，不免偏废。言曰：“武术，上武得道平天下，中武入喆安身心，下武精技防侵害”，说的就是习练武术的道理。

（一）合步推手：甲右足在前，乙亦右足在前，即四正推手。

（一）顺步推手：甲右足在前，乙左足在前，为顺步。

（一）活步推手：或甲[1]乙各进三步，或甲或乙各退三步。且记，进者先进前腿，退者先退后足，为标准。手与前推手同。

（一）一步推手为合步姿势：甲进右足[2]，左足随进半步；乙退后左足一步，右足亦随退半步，此为前带后，后带前，甲乙先后均可。

以上各种推手手法皆同，惟步法不同耳。

注释

① 甲："甲"字之后漏"或"字，应为"或甲或乙"。

② 甲进右足：漏"一步"，应为为"甲进右足一步"。

掤攦挤按[①]须认真，上下相随人难进[②]。任他巨力来打我[③]，牵动四两拨千斤[④]。引进落空合即出[⑤]，粘连黏随不丢顶[⑥]。

注释

按：本歌诀名为《打手歌》，一般认为是王宗岳所著《太极拳谱》中的四篇原文之一。打手，古时喻指精于技击、勇敢善战的人。如明·唐顺之《叙广右战功》："其酋杨留者无所归，乃率其党千余人诣宾州应募为打手。"由此可见，古时所谓"打手"并非是"推手"，而是技击搏击功夫。《打手歌》也并非仅仅是关于推手的歌诀，其实质是包括散手等实战应用的战术思想，也是太极拳体用精要的浓缩。

《打手歌》究竟为何人在何时所作，歌诀题名是后人所加，抑或是原作者所拟定，现在已无法确凿考证。沈寿在《太极拳谱》一书中记述："其作者为王宗岳，最早是没有争议的。后经唐豪考据认为，《打手歌》当系王宗岳据前人著作润改而成。"其理由为"陈家沟有四句及六句《打手歌》……随后顾留馨应之，定《打手歌》为'王宗岳修订'，但这毕竟属一家之说，兹特录以备考。"仅有四十二字的《打手歌》，完整地描述了从与对手开始接触，至发劲攻击的全过程，也是太极拳所有应用形式要求精练的概括，它所阐述的战术思想与行文风格与《太极拳论》完全一致，因此，此歌诀为王宗岳晚年所作是可信的。

① 掤攦挤按：喻指太极十三势，李雅轩说道："掤攦挤按须认真，就等于说十三势须认真。"

② 上下相随人难进：人，指对手或设想之对手。进，进攻，指攻击到自己身躯中路。

③ 任他巨力来打我：他，与第二句的"人"相同，指对手或设想之对手。巨力，巨大的力。打，攻击。

④ 牵动四两拨千斤：牵，原意为引导、牵引等，此处意为"借人之力，随之由腰脊为主宰而带领躯体转动的动作"。拨，摆弄、分开。千斤，喻指上句之"巨力"。

⑤ 引进落空合即出：进，靠近。合，相符。即出，立即出动，引申为向对手发出诸如发劲、点穴之类的攻击。

⑥ 粘连黏随不丢顶：粘，指没有主动动力的轻轻接触。连，连接。黏，胶合。随，依从。这四字是比喻词性。不丢顶，不离开接触又不支承，即"不丢不顶"，用李雅轩所说，"不丢是不脱离对方的手，不顶是不抵抗对方的手"。

推手法图解

如甲乙二人练习，先作右琵琶式。对手时，无论甲乙右足在前均可，其距离宽窄，随人得机得势[①]为标准。

初搭手为接式，甲为掤，乙为按。甲随乙按时腰往回坐缩，以左[②]手腕黏乙肘尖上处，亦同时双手往回攦。此谓之攦，如推手第二图。

乙　　　　甲

第一图

乙　　　　　　　　　　甲

第二图

乙被甲攦，则身倾于左[3]方，似不得力。而乙之右[4]手随甲攦之方向送去，以左[5]手掌补于左肘湾[6]处，向前挤去。此谓之挤，如三图。

乙　　　　　　　　　　甲

第三图

甲被乙挤，似不得力，即含胸，以右⑦手心黏乙右⑧手背，往左⑨化去，则乙挤不到身上矣。甲之左⑩手，同时按乙⑪肘处，两手同时向前按去，此之谓按，如第四图。

第四图

注释

① 得机得势：机，关键、要点。势，形势。时机。在推手或散打实战中，得机不一定得势，而得势一定是在得机的条件下产生的，得机的同时要得势才能变成胜势。

②③⑤⑨⑩ 左：此五处“左”皆为“右”之误。

④⑦⑧ 右：此三处“右”皆为“左”之误。

⑥ 湾：为“弯”之误。

⑪ 乙：“乙”字后漏“右”，指乙方右肘。

四正推手法

四正推手者，即两人推手时用攦、挤、按、掤四法，向四方周而复始作互相推手之运动也。作此法时，两人对立作双搭手右式。

甲屈膝后坐，屈两臂，肘尖下行垂（作琵琶式），两手分揽[①]。乙之右臂腕肘处向怀内斜下方攦。

乙趁势平屈右肱[②]，成九十度角形，向甲胸前前挤，堵其双腕。并以左手移抚[③]肱内，以助其势。

甲当乙挤肘时，含胸，腰微左转，双手趁势下按乙左膊。

乙即以左臂挤推，分作弧线向上运行，掤化甲之按力，同时右膊亦自下缠上甲之左肘，以谢[④]其势。

乙掤化甲之按力后，即趁势攦甲之左臂。

甲随乙之攦劲前挤。乙随甲之挤劲下按。

甲即掤化乙之按力后攦，自此周而复始运转不已，是谓四正推手法。

注释

① 揽：提，撩起。

② 肱：音 gōng，胳膊由肘到肩的部分。

③ 抚：轻按。

④ 谢：为“卸”之误。

按：在《太极拳释义》中，董英杰对掤、攦、挤、按作出的定义为：“掤：即捧上架高，使对方手膊不易落下也。平掤如第一道防线，使对方不能进也。”“攦：即拉也，将对方拉斜，使其立足不稳，我即有可乘之机。”“挤：即逼对方不能逃也，挤住不能动也。”“按：即用双手按住对方，使对方不得动也，向下按、向前按均可。”对“四正推手法”的概括为：“练时你攦我挤，我挤你将按，你按我预掤，我掤你再按，我同时又斜攦。”

大攦用法单式图解

第一节　甲为掤化去劲之图：甲前膊为掤，肘尖涵①去劲。

第二节　甲为攦截之图：甲左手为攦为採，右手为截，两手总式为挒。

第三节　甲为採闪之图：甲左手为採为切，右手为闪为愰②。

第四节　甲为挤靠之图：甲左手扶处为挤，右背尖处为靠。

注释

① 涵：蓄积、包容。

② 愰：古同“晃”，摇动、摆动。

第一节图

第二节图

第三节图

第四节图

四隅推手法（即大攦）

四隅推手者，一名大攦，即两人推手时，用肘靠採挒四法，向四斜方周而复始作互相推手之运动，以济[①]四正之所穷[②]也。作此法时，两人南北对立作双搭手。

右式：

甲右足向西北斜迈一步，作骑马式或丁八步。右臂平屈，右手抚乙之右腕。左臂屈肘，用下膊骨中处向西北斜攦乙之右臂。

乙即趁势左足向走[③]前方横出一步，移右足向甲裆中插裆前迈一步，同时右臂伸舒向下，肩随甲之攦劲向甲胸部前靠，左手抚右肱内辅助之。此时，甲乙仍相对立，乙面视东北方。

甲以左手下按乙之左腕，右手按乙之左肘尖下採。同时左足由乙之右足外移至乙之裆中。

乙随甲之採劲右[④]腿向西南方后撤作骑马式，左臂平屈，右手抚甲之左腕，右臂屈肘，用下膊骨中处向西南方斜攦甲之左臂。

甲趁势右足前出一步，移左足向乙裆中插裆前迈一步，同时左臂伸舒向下，肩随乙之攦劲向乙胸部前靠，右手抚左肱内以辅助之。此时，甲乙仍相对立，甲面视东南方。

甲左臂欲上挑，乙即随甲之挑劲左手作掌，向甲面部扑击。右手按甲之左肩斜向下捌。

甲随乙之捌劲撤左足向东北方迈，左手抚乙之左腕，右臂屈肘向东北斜搌乙之左臂。

乙势趁⑤上右步，移左足向甲裆中前迈。左臂随甲之搌劲用肩向甲胸部前靠，右手辅之，面视西北方。

甲以右手下按乙之右腕，左手按乙之右肘尖下採，同时右足由乙左足外移至乙裆中。

乙随甲之劲採⑥，撤右足向东南方迈，右手抚甲之右腕，左臂屈肘，向东南斜搌甲之右臂。

甲趁势上左步，移右足，向乙裆中前迈。右臂随乙之搌劲用肩向乙胸部前靠，左手辅之，面视西南方。

甲右臂欲上挑，乙即随甲之挑劲右手作掌，向甲面部扑击。左手按甲之右肩斜向下捌。甲退左腿，双手搌乙之右臂腕肘处，还右双搭手式。

此为一度，可继续为之，是谓四隅推手法。

注释

① 济：本意是过河，渡过的意思，如“同舟共济”“直挂云帆济沧海”等，由此引申为“弥补”之意。

② 穷：本义是指在金钱或者物质上很贫乏，由此引申为“缺乏”之意。

③ 走：为“左”之误。

④ 右：为“左”之误。

⑤ 势趁：为“趁势”之误。

⑥ 劲採：为“採劲”之误。

大小太极解

天地为一大太极，人身为一小太极。[①]人身为太极之体，不可不练太极之拳。本有之灵[②]而重修[③]之，良有以也[④]。人身如机器，久不磨而生锈，生锈而气血滞，多生流弊。故人欲锻炼身体者，必先练太极最相宜。太极练法，以心行气，不用浊力[⑤]，纯任自然。筋骨鲜折曲之苦，皮肤无磋磨之劳。[⑥]不用力何能有力？盖太极练功，沉肩坠肘，气沉丹田，气能入丹田，为气总机关[⑦]，由此分运四体百骸[⑧]，以气周流全身，意到气至，练到此地位，其力不可限量矣！此不用浊力，纯以神[⑨]行，攻效著矣！先师云："极柔软，然后极坚刚"，盖此意也。

注 释

按：此篇有传为蒋发所著，始见于本《太极拳使用法》。

有拳家误认为该篇是出自杨式太极拳老谱《三十二目》，如《杨氏太极拳三谱汇真》一书第 138 页所说："《杨式太极拳老谱》最早见于杨澄甫所著《太极拳使用法》（1931 年），其中，载有老谱 16 篇，没有统一篇名，且分布不集中。《大小太极解》在第 76 页，《八门五步》等 15 篇在第

119～125 页。”而《杨式太极拳老谱》的目录中（第 107 页），并无此篇名。

吴全佑所传《杨式太极拳老谱》名为《太极法说》，李经梧所传名为《太极拳秘宗》，其中目录和内容亦无此篇。沈寿在《太极拳谱》中校记：“本篇见于‘澄本’（即杨澄甫《太极拳使用法》）第七十六页，未署何人所作。从语词分析，当为晚近著作，有可能系杨澄甫口述，并由其门人笔录，整理成篇。”

① 天地为一大太极，人身为一小太极：天人之间同质同构，天道变化与人之性灵全息共振如出一辙。邵雍认为“有生天地之始者为太极，万物之中各有始者，因此各有太极、两仪、四象”之分，将人身与天地乾坤相比附，人体自有一太极。他在《击壤集》中有诗云：“一物其来有一身，一身还有一乾坤。能知万物备于我，肯把三才别立根。天向一中分体用，人于心上起经纶。天人焉有两般意？道不虚行只在人。”“廓然心境大无伦，尽此规模有几人？我心即天天即我，莫于微处起经伦。”“我心即天天即我”这豪迈之语直言：天心、人心本同一体。物物各具太极之理，每一形体都有与天地同构的本体，世间万物无一不是心本体的产物。“人身为一小太极”，只要返观内照，求诸己心，就可把握宇宙运动规律。

② 灵：人的精神意志。

③ 修：修身，改造身体。修心，改造心灵。

④ 良有以也：良，很、甚。以，所以、原因。指某种事情的产生是很有些原因的。

⑤ 浊力：浊，不清不净之意，为“拙”之误。后文“此不用浊力，纯以神行”中的“浊”同此。

⑥ 筋骨鲜折曲之苦，皮肤无磋磨之劳：筋骨，筋肉和骨头。鲜，少。折曲，弯曲、复杂、不顺当。磋磨，挤轧摩擦。劳，辛勤。此两句皆指习练诸如“排打”“揉摩”等硬功而言，如杨班侯所传《五字经诀》中所说：“莫学拍打功，以免本能失。皮肉徒受苦，气血多凝滞。”两句意为：筋骨不会有不顺当的习练所带来的痛苦，皮肤也没有因挤轧磨擦而劳顿。与《孟

子·告子下》所说："天将降大任于斯人也，必先苦其心志，劳其筋骨，饿其体肤，空乏其身"亦不同义。

⑦ 机关：秘密，关键。

⑧ 四体百骸：四体，指四肢，亦指整个身体、身躯。百骸，骸即骨骼，全身骨骼的泛称，引申亦指人的全身。四体百骸，人体的各个部分。泛指全身。同"四肢百骸"。

⑨ 神：神寄于心，牵引心，给心以法则，使心认识本体。神就是宇宙万物正常运行的法则。此处意为"心思""精气""精神"，如《大戴礼记·曾子天圆》："阳之精气曰神。"

王宗岳原序

以心行气，务令沉着，乃能收敛[①]入骨；以气运身，务令顺遂[②]，乃能便利从心。精神能提得起，则无迟重之虞[③]，所谓顶头悬也；意气[④]须换得灵，乃有圆活之趣[⑤]，所谓变动虚实也。发劲须沉着松净，须[⑥]专主一方；立身须中正安舒，支撑八面。行气如九曲珠，无往不利（气遍身躯之谓）；运劲如百炼纲，无坚不摧。形如搏兔之鹄[⑦]，神如捕鼠之猫。静如山岳，动若江河。蓄劲如开弓，发劲如放箭。曲中求直，蓄而后发。力由脊发，步随身换；收即是放[⑧]，断而复连。往复须有折叠，进退须有转换。极柔软，然后极坚刚；能呼吸，然后能灵活。气以直养而无害，劲以曲蓄而有余。心为令，气为旗，腰为纛[⑨]。先求开展，后求紧凑，乃可臻于缜密[⑩]矣。

注释

按：王宗岳原序为《十三势行功心解》，该篇首见于陈微明著《太极拳术》（中华书局 1925 年版）。亦有称《王宗岳先生行功论》或《打手要言》的。出于乾隆抄本《太极拳经》，相传为王宗岳所著，大多亦列入武禹襄名下，至今尚有争议。《太极拳经》首见于姚馥春、姜容樵著《太极拳讲义》（1930 年由南京、上海两地同时出版。南京版插图为手绘，上海版插图为姚馥春、姜容樵拳照。山西科技出版社影印再版为南京版，台北逸文武术文化有限公司影印再版为上海版）第十章《太极拳谱释义》，内容依次为《歌诀一》《歌诀二》《歌诀三》《歌诀四》《歌诀五》《十三势》《十三势歌诀六》《二十字诀》《十三势行功心解》《歌诀七》。其中，《十三势歌诀六》即《十三势歌》，它和《十三势行功心解》《二十字诀》都在杨家有传。

① 收敛：归总，会聚。

② 顺遂：顺，适合，不别扭。遂，顺，如意。

③ 则无迟重之虞：则，就。迟重，迟钝，不敏捷。虞，忧虑、忧患。此句意为就不会有迟钝而不敏捷的忧虑。

④ 意气：意，意念，心意，意识。

⑤ 趣：兴味，兴趣。

⑥ 须：该字衍。

⑦ 鹄：音 hú，天鹅。此字多有作“鹘”，音 hú。鹘，隼也，属鹰科，为大型猛禽。“鹄”与“鹘”同音，应为“鹘”之误。

⑧ 收即是放：此句后漏“放即是收”。

⑨ 纛：音 dào，古代军队里的大旗。如许浑《中秋夕寄大梁刘尚书》：“柳营出号风生纛。”

⑩ 臻于缜密：臻，达到美好的境地。缜密，细致，谨慎周密，如《礼记·聘义》：“缜密以栗，知也。”郑玄注：“缜，致也。”

王宗岳原序解明

以心行气，务令沈[1]着，乃能收敛入骨。

平时用功，练十三势用心使气缓缓流行于骨外肉内之间，意为向导气随行。至于练拳姿势要沈舒，心意要贵静，心不静不能沈着，不能沈着则气不收入骨矣，即是外劲也。练太极拳能收敛入骨，此真正太极劲也。

注释

① 沈：通“沉”。后同，不另注。

以气运身，务令顺遂，乃[1]便利从心。

同志想使气运身流通，必得十三势教正[2]无错，方是先师所传的拳，姿势上下顺遂，劲不矫揉，气才能流通。如姿势顺遂，心中指挥手脚遂心矣。

注释

① 乃：乃能，此处漏“能”字。

② 教正：斧正，雅正，指教，书面语，为指教改正之义。此处喻指

“准确的身教言传”。

精神能提得起，则无迟重之虞，所谓顶头悬也。

精神为一身之主，不但练拳，无论作何事，有精神，迅速必不迟慢，所以讲拳必提精神为先。欲要提精神，头容正直要顶劲，即泥丸宫①虚灵劲上升，此法悟通，就是提精神之法也。

注释

①泥丸宫：泥丸，气功术语，指脑或脑神。《黄帝内景经·至道章》：“脑神精根字泥丸。”务成子注：“泥丸，脑之象也。”一说为上丹田异名，一说百会为泥丸。《紫清指玄集》：“头有九宫，上应九天，中间一宫，谓之泥丸，亦曰黄庭、又曰昆仑、又名天谷，其名颇多。”

意气须换得灵，乃有圆活之趣，所谓变化虚实也。

意气即骨外肉内流动物也，至于练拳打手，想得言不出着一种的兴趣来，必使流动物满身能跑，意左即左，意右则右，就是太极有虚有实的一种的变化。意气的换法，犹如半瓶水，左侧则左荡，右侧则右荡，能如是，不但得圆活之趣，更有手舞足蹈之乐。至此境地，若人阻我练拳，恐欲罢不能也，因知身体受无限之幸福矣。

发劲须沈着松净，专主一方。

与人敌，先将敌治住，打他一个方向，即敌向歪捌①的那个方向；如发劲，无论一手，肩肘要沈下，心中要松净，发劲专打敌一个方向，我劲不散，敌不难跌出丈外矣。

注 释

① 歪扨：为杜撰之词，此处意为“歪斜”。

立身须中正安舒，支撑八面。

头容正直，尾闾中正，身即不偏。心内要舒展，以静待动之意。腰腿如立轴，膊手如卧轮，圆转如意，方能当其八面。

行气如九曲珠[1]。无微不到。

九曲珠者，即一个珠内有九曲湾也。人身譬如珠，四体百骇无不湾也，能行气四肢无有一处不到，行气九曲珠功成矣。

注 释

① 九曲珠：拳节、腕节、肘节、肩节、脊节、腰节、胯节、膝节、踝节被称为人的“九曲珠”。太极拳的练习就是以内气贯穿，将九大关节练得灵活圆润，无微不到。此处用了《祖庭事苑》中孔子困于陈，利用蚂蚁搬蜜的特性，将细线穿过一颗九曲珠细小曲折珠孔的典故。

运劲如百炼钢。何坚不摧[1]。

运劲如百炼钢，即内劲，非一日之功也，日月练习慢慢磨练出来的。犹如一块荒铁，日日锤炼，慢慢化出一种纯钢来，欲作刀剑其锋利无比，无坚不摧。太极练出来细而有钢之劲，即铁人亦能打坏，何妨对敌者为血肉之躯乎。

注释

① 何坚不摧：形容力量非常强大，没有什么坚固的东西不能摧毁。何，什么，疑问代词。意为：有什么坚固的东西不能摧毁呢？

形如搏兔之鹘。神如捕鼠之猫。

鹘者飞禽也，鹰类也，冬猎用之。此言与人对敌，比仿我形式如鹰鹘，见物拿来，眼要吃住敌人，一搭手就可将敌擒到，即如鹘捕物之状，此喻非骂人也，先师文字如此，不得不解之，望诸君勿疑焉。猫像虎形能捕鼠，等鼠伏身坐卧后腿，全身精神贯注鼠洞，如出猛捕之得鼠焉。此言太极有涵胸拔背之势，如猫捕鼠之形，待机而发，敌得受用矣①。

注释

① 敌得受用矣：受用，即享受，得到好处。此句是上文所说“猫捕鼠”之招，用之于敌身的诙谐说法。

静如山岳，动若江河。

用功日久，腿下有根站立如山，人力不可摇动也。江河之喻言各种变化无穷，一手变五手，五手变百手，言其滔滔不绝，如江河之长也。

蓄劲如张弓①，发劲如放箭。

蓄者藏也，太极劲不在外藏于内，如敌对手时，内劲如开弓不射之圆满，犹皮球有气充之，敌人伏我膊，虽绵软而不能按下，使敌莫明其妙，敌心疑时，不知我弓上已有箭要发射矣，我如弓敌如箭②，出劲之速，敌如箭跌出矣。

注释

① 张弓：前文作“开弓”，同义。

② 我如弓敌如箭：这是杨澄甫对“蓄劲如开弓，发劲如放箭”的诠释，其意是：我蓄劲时如弓张满月，发劲时，敌人像箭一样被打出。不过，众多拳家的诠释为“发劲迅猛如箭”。

曲中求直，蓄而后发。

力由脊发，步随身换。

收即是放，放即是收，断而复连。

此三说总而言之，解说容易明了，曲中求直即随曲就伸之意。蓄而后发，力由脊发，收是放[①]，一理也。就是神如捕鼠之猫之理，一二语道尽，学家宜自得之。

注释

① 收是放：漏“即”字，应该为“收即是放”。

往复须有折叠，进退须有转换。

与人对敌或来或往，折叠即曲肘湾[①]肱之式，折背敌其身手，此系近身使用法，离远无用，进退不要泥[②]一式，须有转换，随机变化也。

注释

① 湾：为“弯”之误。

② 泥：固执，死板，不变通。

极柔软，而[①]后极坚刚；能呼吸，然后能灵活。

练十三势要用柔法，然后功成就生出柔中含藏内劲。呼吸者，盖吸能提得人起，能使敌后足离地。再呼气，力从脊内发出全身之劲，放得人远出。呼吸灵通。身法然后才能灵活无滞。

注 释

① 而：前文作“然”，同义。

气以直养而无害，劲以曲蓄而有余。

练太极是养气之法，非运气之工作也，何为运气人？心急有力弩气练法，气心聚一个地方，放出不易，恐与内有妨碍。何为养气？孟子云：“我善养吾浩然之气[①]”。不急不燥，先天气生，静心养性。练拳使内精气神合一，行气流通九曲珠，如未得到益，定无害也。与人敌不使膊伸直，能上下相随，步随身换，膊未直而力有余，敌早跌出，就是劲以曲蓄而有余。

注 释

① 浩然之气：浩，盛大、刚直的样子。气，指精神。指浩大刚正的精神。所谓浩然之气，就是刚正之气，就是人间正气，是大义大德造就的一身正气。“浩然之气”语出《孟子》：“(公孙丑问曰) 敢问何谓浩然之气？曰：难言也。其为气也，至大至刚，以直养而无害，则塞于天地之间。”

心为令，气为旗，腰为纛。

太极之理犹行军战事，必有令旗指挥驱使。练太极亦然，所以心为令，就是以心行气，能使气如旗，意之所至，气即随之而到，就是心如令气如旗。腰为纛者，即军中大纛旗也，小旗主动，大旗主静。拳法腰可作车轴之转，不能倒拶大纛旗也。

先求开展，后求紧凑，乃可臻于缜密矣。

开展大也，松其筋肉。初学练拳先求姿势开大，谓能舒筋活血，容易转弱为强。强而后，研究外能筋骨肉合一，内有精气神相聚，谓之紧凑。内外兼修，加以动静变化，自开展而及紧凑，身体强而使用全，可至臻密境矣。如说拳大练小练则误矣①。

注释

① 如说拳大练小练则误矣：初学练拳先求姿势展开，“谓能舒筋活血，容易转弱为强”为大练。“强壮”以后，“研究外能筋骨肉合一，内有精气神相聚”，趋之“紧凑”，为小练。“开展”指外，“紧凑”言内。此句意为：如果说习拳有大练、小练两种练法是错误的。从“开展”到“紧凑”，再至“缜密”，是习练太极拳者自初发悟到递进有成的三个层次。

原 文[①]

又曰[②]：彼不动，己不动；彼微动，己先动。似松非松，将展未展，劲断意不断。

又曰：先在心，后在身。腹松，气敛入骨。神舒体静，刻刻在心。切记：一动无有不动，一静无有不静。牵动往来，气贴背，敛入脊骨。内固精神，外示安逸。迈步如猫行，运劲如抽丝。全身意在精神，不在气，在气则滞。有气者无力，无气者纯刚。气如车轮，腰似车轴。

注 释

① 原文：这篇拳谱较早出现在“微本”的《十三势行功心解》最后段落中。有人认为这篇拳谱是武禹襄对王宗岳《太极拳论》中的练、用要点之解说，故名为《太极拳论要解》。依照沈寿所编著的《太极拳谱》所校，起首四句“彼不动，己不动；彼微动，己先动”来自武禹襄的《太极拳解》，而整篇文字则出自武禹襄的《太极拳论要解》。

② 又曰：在《太极拳论要解》中为“解曰”。后同，不另注。

又曰：先在心，后在身。

初学对敌，用心之专，恐不能胜。①练成之后，无须有心之变化，身受击处自能应敌，心中不知，敌跌出矣，②即为不知手之舞之。初学在心，成功后在身。犹如初学珠算，心先念歌③手操之，后熟心，不歌手能如意，亦先在心后在手，拳理亦然。

注释

① 初学对敌……恐不能胜：专，集中在一件事上。三句意为：初学对敌搏击训练时，就算把技击招数铭之于心，恐怕也不能制胜。

② 练成之后……敌跌出矣：要先要搞清拳理，把招式的攻防运用练得娴熟，那么在临阵时无须考虑怎样应付，不论对方攻击何处，自能形成条件反射而不加思索，在得心应手、随机应变中，将敌击出。

③ 歌：指珠算口诀。

腹松净①，气敛入骨。

腹虽注意犹松舒，不要鼓劲。气练入骨，骨肉沉重矣。外如棉花，内似钢条，犹如绵②花裹铁之理。

注释

① 腹松净：《廉让堂太极拳谱》中有“腹内松净气腾然”，古文的‘静”也可以表示干净，故“松静”与“松净”字异而义同。

② 绵：“棉”之误。

刻刻在心。切记：一动无有不动，一静无有不静。

刻刻时时也。谨记一动全身之动，不要一部分动，犹火车头行动，诸车[1]随动焉。太极动劲要整，虽整而又活焉，如行车无不动矣。身虽动心贵静，如心一静全身静，虽静又寓[2]动焉。如动要上下相随至要。

注 释

① 诸车：指火车头带动的各节车厢。

② 寓：音 yù，同“寓”。后同，不另注。

牵动往来，气贴背，敛入脊骨。内固精神，外示安逸。

牵动往来，即手之无动。气吸能入贴于脊背，蓄而待发。气息能藏于脊骨，即有内固之精神。外表文雅安逸，虽练武而犹文也。

迈步如猫行，运劲如抽丝。

太极拳步行走，如猫行之轻灵。练拳运劲，如抽丝之不断。

全身意在精神，不在气，在气则滞。有气者无力，无气者纯刚。

人身有三宝，曰：精、气、神。太极意在此，不在气者，不在运气之气，在气则滞。如运气澎涨一部分，滞而不灵，有气者无力。有浊气者，自觉有力，敌觉我无力。[1] 无气者纯刚，无有浊气即生绵力，意想则力到。如搭手如皮条搭在敌膊，所以我未用力，敌觉我手重如泰山矣。不用直力则巧力生，无浊气者为纯刚。

气如车轮，腰似车轴。

全身意气如车轮流行，腰为一身之主宰，腰如车轴能圆转，所以拳变化在腰间也。

又曰：彼不动，己不动；彼微动，己先动。

与敌对搭手自己不动，待对手一动之际，我手动之在先矣。

似松非松，将展未展，劲断意不断。

太极拳出手，说松亦不松，伸出亦未直为度。练拳可以不断，有一定之姿势，能以线串成，如讲对敌使用无一定之姿势发人出去，我之姿势外形似有所断，而我意未少懈也。犹如莲藕拆断内细丝不断，以此譬喻容易明了，杨老师常言："劲断意不断，藕断丝连。"盖此意也。

注释

① 不在气者……敌觉我无力：在道家气功修炼学而言，"气"分为"先天之气"（在先天作"炁"）与"后天之气"。先天之气，即为内气，为人的能量，亦为元精。先天之气是人之根本，《黄帝内经》说，"先天之气"，就是"元气"，就是"肾气"，"元气"来源于肾中的先天之精，是人体生命活动的原动力，受水谷精气不断补充和培养。"后天之气"，指呼吸之气。此处"不在气者"的"运气之气"当指后天之气。"先天之气宜稳，后天之气宜顺。"呼吸不顺，就易"运气澎涨"，因此"滞而不灵。有气者无力"，此为"浊气"。

太极指明法

用劲不对，不用力[①]不对，绵而有刚对。丢不对，顶不对，不丢不顶对。沾不对，不沾不对，不即不离对。浮不对，重不对，轻灵松沈对。胆大不对，胆小不对，胆要壮而心要细对。打人不对，不打人不对，将敌治[②]心服对。

注释

① 力：为“劲”之误。

② 治：漏“得”，应为“治得”。

凡例

○太极拳术已渐为无人所注重，而使用方法尚无专书表示，[①]实为缺憾。本书即本此意编著，形势具备，愿与海内人士共同研究之一。

○太极拳使用之精巧，本非笔墨所能形容。本书三十七图虽各图皆说明其用法，但神而明之仍在乎其人。

○说[②]中设为甲乙，甲为使用之人，乙为对敌之人，俾[③]易明了。

○图说后，凡关于太极拳之理论及源流等并附述之，俾便研究。但疏略无当[④]，自知不免，阅者谅之。

注释

①太极拳术已渐为无人所注重，而使用方法尚无专书表示："无"为"吾"之误。此二句与实际情况相符，据不完全统计：在1919年出版的《太极拳学》（孙禄堂）、1921年出版的《太极拳势图解》（许禹生）、1925年出版的《太极拳术》（陈微明）、1927年出版的《太极拳浅说》（徐致一）和1930年出版的《太极拳图说》（金周生）等太极拳著作的拳式分解中，均无太极拳"使用法"的论述。1929年出版的《国术太极拳》（吴图南）和

1930 年出版的《太极拳讲义》（姜容樵、姚馥春）才开始在拳式分解中介绍使用方式。因为这两本著作与《太极拳使用法》印制时间相近，而互不得知，故有“使用方法尚无专书表示”之言。

② 说：为“图”之误。

③ 俾：使得，使之。

④ 疏略无当：疏，疏忽，粗疏。略，简单，不详细。无当，不恰当，不相称。

王宗岳太极论

太极者，无极而生①，阴阳之母也。动之则分，静之则合。无过不及，随曲就伸。人刚我柔谓之“走”，我顺人背谓之“黏②”。动急则急应，动缓则缓随。虽变化万端，而理为一贯③。由着熟而渐悟懂劲，由懂劲而阶及神明。然非用力之久，不能豁然贯通焉！虚领顶劲④，气沉丹田，不偏不倚，忽隐忽现。左重则左虚，右重则右杳。仰之则弥高，俯之则弥深。进之则愈长，退之则愈促。一羽不能加，蝇虫不能落。人不知我，我独知人。英雄所向无敌，盖皆由此而及也！

注释

① 无极而生：有抄本在此句后有“动静之机”四字。沈寿《太极拳谱》说：“因较早见于许本（许禹生《太极拳势图解》），故有人疑为许禹生所增。”

② 黏：音 nián，在太极拳使用中，“沾”为“贴住”之意，“黏”为“缠锁、控制”之意。

③ 理为一贯：有抄本作“理唯一贯”或“惟性一贯”。

④虚领顶劲：陈微明《太极拳术》中为“虚灵顶劲”。沈寿《太极拳谱》：“当为陈微明所改。”领，引领。灵，灵活，其意不同。

斯技旁门甚多，虽势有区别，概不外乎[①]壮欺弱，慢让快耳！有力打无力，手慢让手快，是[②]皆先天自然之能，非关学力而有也！察“四两拨千斤”之句，显非力胜；观耄耋[③]能御众之形，快何能为?!

立如平准[④]，活似车轮。偏沉则随，双重则滞。每见数年纯功，不能运化者，率皆自为人制，双重之病未悟耳！

注释

① 不外乎：不超出某种范围以外，即“不过是”。

② 是：有作“此”的，其意同。

③ 耄耋：音 mào dié，古指七十岁以上的老人，语出曹操《对酒歌》：“人耄耋，皆得以寿终。恩泽广及草木昆虫。”

④ 平准：平，平舒，不倾斜，无凹凸。此处仅为“平舒准确”之意。

欲避此病，须知阴阳：粘即是走，走即是粘；阴不离阳，阳不离阴；阴阳相济，方为懂劲。懂劲后愈练愈精，默识揣摩，渐至从心所欲。

本是“舍己从人”，多悟“舍近求远”。所谓“差之毫厘，谬之千里”[①]，学者不可不详辨焉！是为论[②]。

注释

① 差之毫厘，谬之千里：语出《汉书·司马迁传》：“差以毫厘，谬以千里。”

② 是为论：原抄本（万本）和陈本在篇末有注：“此论句句切实，并无一字敷衍陪衬，非有夙慧，不能误也。先师不肯妄传，非独择人，亦恐妄费功夫耳。”

对敌图

第一式 揽雀尾使用法

上手为甲，下手为乙，如二人对敌，乙执右拳直打甲之胸部，甲自乙右膊下抬起①，双手绕外边转上，与乙膊靠接，以意运气，往外推去。右足同时往前上一步，左足在后蹬劲，将乙打出。如图是也。

掤攦挤按②由揽雀尾内变化，换劲化劲是也，后编推手法内写明。

第一式 揽雀尾使用法

注释

① 甲自乙右膊下抬起：此句为“掤”式。膊，指靠近肩外侧的部位，亦称上臂，内侧的部分为腋窝，此处不可能是被掤的部位。能被对方掤起的部位只能是肱（由肘到肩的部分）和前臂（由手腕到肘的部分）。在该三十七式使用法中，撰写者“膊”“肱”“前臂”三者不分，皆称“膊”，望读者自行分辨，以明用法之意。后同，不另注。

② 掤攦挤按：本段文字仅涉及“掤”“按”，而无“攦”“挤”用法之叙述。本书第一节至第四节中，则对揽雀尾的掤攦挤按使用法有较详尽的介绍，此处忽略之。

第二式 单鞭使用法

如上式。揽雀尾将人打出，如甲身后又来一人，如乙自上轮拳太山压顶①打来，甲遂速往左方转身，左手托敌人的胸前，下部左足弓式，右足蹬为直线②，同时右手在后变为刁手，以作沉劲。此为单鞭亍劲，左手迎敌将人打出。如图是也。

第二式　单鞭使用法

注释

① 太山压顶：太山，即泰山。《孟子·梁惠王上》："挟太山以超北海，语人曰，'我不能'。是诚不能也。"泰山压顶，比喻遭遇到极大的压力和打击。

② 直线：在弓步时，前文描述后脚状态均用"蹬劲"表示，此处其意仍为"蹬劲"或"直劲"解。

第三式 提手用法

拳之打法不一，如甲单缠[①]式，如乙持左拳以直打来，甲含胸，双手往一处合劲，敷[②]在乙左膊上，往前下方沉打，将乙打倒坐在地上，如图。此即提手用法也，提手用法有二，提上打、沉下打皆可也。[③]

第三式　提手用法

注释

① 缠：为"鞭"之误。

② 敷：依附，铺展。

③ 提手用法有二……皆可也："提手用法有二"呼应"拳之打法不一"。"提上打"即为"提手上势"，而"沉下打"的架势亦称"提手下势"，该体用在太极拳著述中少有披露。董英杰在《太极拳释义》第十五式"提手上势"的"功能"中写道："全身之劲合成一处，提手练法，双手由上平合为合提手；如若双手自单鞭式往下合劲，不作提手寓提上意，为提手寓上式。"其中的"往下合劲"即为"沉下打"。

第四式　白鹤亮翅用法

甲如提手式将人打出，如乙外功①甚大，手劲有练抓力②的，自上抓来。甲遂进身上步，闪过乙手。甲再往上，将右膊抬起，托乙肘处，身法再往上长，往外掤劲将乙打出，如白鹤亮翅是也。如乙或用左手或用右手来抓，皆可以白鹤亮翅应之。

第四式　白鹤亮翅用法

注释

① 外功：以少林武功而言，外功指专练刚劲，如打马鞍、铁臂膊等法；内功则指专练柔劲，如易筋经、锤炼等法。

② 练抓力：外功之一，典型的练法是左手拿一铅球或沙包，突然放下，用右手抓之；再右手突然放下，用左手抓之。如此反复习练亦然。

第五式 左搂膝拗步用法

甲如亮翅式。如乙右手自前斜方击来，甲左手自外绕至乙膊前节，往下搂去。同时甲右手落下，向后转绕至膀尖①齐，直往乙胸前拍②去，左足弓，右足在后蹬劲。如图是也。

第五式 左搂膝拗步用法

注释

① 膀尖：指肩与膊之间的部位，为肩峰前下方与肱骨大结节之间凹陷的肩髃穴处。

② 拍：拍击，用手掌打。

第六式 右搂膝拗步用法

如乙若用左手以直[①]打来，甲可以用右手搂住乙的左膊，甲左手绕自膀尖处，伸指掌拍乙胸前，要掌心去劲[②]。右足弓式，左足蹬劲，如右搂膝图是也。

第六式 右搂膝拗步用法

注释

① 直：直线，平直。

② 掌心去劲：坐腕立掌，劲在掌心。

第七式 琵琶式用法

如左搂膝式。甲立[①]，敌人[②]如乙右手自右外方绕里直打来，甲右手随乙手绕直时，甲右手回劲扣粘乙里手腕。同时甲左手招起，托乙的肘尖，甲指掌俱要伸开，手心用力，将乙膊托直，将乙的前足尖提起，使乙不得力也。甲右足坐实，左足为虚，式如图是也。

第七式　琵琶式用法

注释

① 甲立：从前后文对照，此“甲立”应为“甲直立”之意。

② 敌人：该用法篇既设甲、乙，则“敌人”两字多余。

第八式 搬揽锤用法

如甲直立，若乙外力甚大，而且又快摹右拳打来[①]，力重千斤，将至临近，甲速含蓄，身略往右边侧，乙拳已经打空，甲右拳速自乙右拳外方绕乙手腕上，沉劲，此为称锤。虽小压千斤，理在是也。甲左手同时将乙膊搬开，甲右拳不落，遂直击乙身上。左足同时上步弓式，右足为直线，如搬揽锤图是也。

第八式　搬揽捶用法

注释

① 快摹右拳打来：摹，仿效之意，此处为误。“快摹”应作“快速”，“快速”与“右拳”间缺一动词“用”，此句意为快速用右拳打来。

按：此篇文字杂乱且交代模糊，尤以“搬”“揽”“捶”三法之用定义不清，令人费解。在《太极拳体用全书》中的“进步搬拦捶”篇，为郑曼青重校易稿，文字明了可读。全文如下：“由前式。设敌人用右手来击，我即将左足微向左侧分开，腰随往左扮转，左手即往后翻转至左耳边，手心向下，右手俯腕，随转至左胁间，握拳翻腕向右转腰，右拳随之旋转至右胁下，此谓之搬。同时提起右脚侧右踏实，松腰胯沉下，左手即从左额角旁侧掌平向前击，谓之拦。左足同时提起踏出一步，坐实，右足伸直，右手拳即随腰腿一致向前打出。然此拳之妙用，全在化人击来之右拳。先以我之右手腕，黏彼之右手腕，从左胁上搬至右胁下。其时。恐敌人抽臂换步，即将左手直前随步追去，寓有开劲。拦其右手时，即速将我右拳，向敌胸前击去，则敌不遑避，必为我所中。此拳之妙用，所以全在搬拦之合法也。”

第九式 如封似闭用法

如甲右手打乙，乙用左手封当，甲的左手自己右膊下边往前比住乙左手腕①，甲右手速抽回，再去按乙左横肘上，双手按劲往前推去，左足在前作弓式，右足在后为直线，足跟不可欠起，其根在足，如封似闭之图是也。

第九式 如封似闭用法

注释

① 甲的左手自己右膊下边往前比住乙左手腕：十分拗口，而本书“如封似闭用法”中描述尚可：“我即将左手心缘我右肘外面向敌左手腕格去。”其意为甲的左掌在自己的右肘下向前穿出，格封住乙的左手腕。

第十式 十字手用法

甲立，如乙双拳打来，甲随亦双掌自下往上掤如十字①，架开乙双手。如图是也。

第十式　十字手用法

注释

① 上掤如十字：两腕交叉成十字。

第十一式 抱虎归山用法

甲立，如乙自右后方持拳直击，甲随转趾①扭②腰，右手往后，如右搂膝，搂拨乙右膊，将乙身㧊歪。同时随起左手将乙拍倒。右足弓式，左足直线。如图是也。又第二用法，如乙再还左手来击，甲亦用左手应之，甲速再用右膊拗抱敌人之身腰擒起，犹如壮士捉虎归山之势，此二用法也。

第十一式　抱虎归山用法

注释

① 转趾：此处实为“左脚内扣”之意。

② 扭：此处为身体转动之意。

第十二式 肘底锤用法

甲按手式立，如乙拳法心诡计多，自甲左后方用右拳一打速往回就退，甲速向左方转身进步，左手自乙①拳上绕下，伸进托乙的肘尖，随用右拳打乙右胁。乙速退，甲速进三步才可打上。如图是也。真用少易，不可泥影②。

注释

① 乙：“乙”后漏“右”字，应为“乙右拳”。

② 真用少易，不可泥影：易，变通。泥，拘执，不变通。影，照片。两句意为：真用此拳式时应稍有变通，不要拘泥于这拳照中的样式。

第十二式　肘底捶用法

第十三式　倒撵猴用法

甲立，如乙用换拳法，左右拳先后直打，如右拳以直打来，右足过一步，随后左拳打来，左足进步，此为“拉钻锤进步法”。甲用倒撵猴破法，退左步，左手搂乙的右拳；退右步，右手搂乙的左拳，往后如法速退几步。甲如用换式亦可，左手搂乙右拳时，甲进右拳换打乙胸，甲右手搂乙左拳，甲用左掌还击，可将乙打退。如图是也。

第十三式　倒撵猴用法

第十四式 斜飞式用法

甲直立，如乙对敌[1]正面不能进，想换绕侧面进打。甲随绕时，即用右手如大鹏展翅，往斜上方掤去，自乙膊下至身时，左足用直劲，右足为弓式，左右手皆能用。如图是也。

第十四式 斜飞式用法

注释

① 敌：为“甲”之误。

第十五式 海底针用法

如乙手有力握甲右手腕，不能脱开，甲用海底针，身足往回缩劲，右手用力往下伸肱[1]直送下，乙手力无能为，海底针是也。

第十五式　海底针用法

注释

① 肱：上臂，由肘到肩的部分。

第十六式 山通背用法

甲如海底针式，乙打来，甲由下往上用右手托乙右手腕，甲左手由下向前直推去，手心向外，掌指向上推乙身。右身侧面，左足同时进步弓式，右足为后直线。如图是也。

第十六式　山通背用法

第十七式 撇身捶用法

如上式。乙自后面用右手打来，甲速向左转趾过来，右拳自上落下，恰好压在乙下膊上，甲随伸左手就是一掌。如图是也。

第十七式 撇身捶用法

第十八式 抎手用法

甲如骑马式，乙自前面用右拳打来，甲用右手自左边往右边抎去。如乙用左手打来，甲用左手自右往左抎去，领进落空，乙力虽千斤，无所用矣。如图是也。练法横走，使法正面。

第十八式　抎手用法

第十九式　高探马用法

如乙伸出左拳，甲将左手自外绕至上边，扣住乙左手腕处往回拉许①，甲右掌自外方伸打乙面。如图是也。

第十九式　高探马用法

注释

① 许：副词，表示约略估计的数量，此处意为一点儿，不多，少许。

第二十式 分脚用法

甲如高探马式双手搬乙左膊，飞起右腿用脚面踢乙腹上，双手速松乙膊，将乙踢倒。[①]如用左分脚式，左边亦用高探马，起左脚而踢乙腹上，左右一样可用。如图是也。

第二十式 分脚用法

注释

① 甲如高探马式双手搬乙左膊……将乙踢倒：为右分脚用法。

第二十一式 左转身蹬脚用法

如乙自左后方来打，甲向左转，抬左右手分开，甲抬起左脚往乙蹬去。如图是也。

第二十一式　左转身蹬脚用法

第二十二式 进步栽捶用法

如甲乙对敌时，乙抬脚踢甲的腿，甲进左步，右手卷拳[①]往下直打乙踢腿七寸骨[②]，打脚面亦可。左手注意备当[③]乙上边手为要，甲左足弓式，右足在后。如图是也。

第二十二式　进步栽捶用法

注释

① 卷拳：卷，动词含义是用对折半后再折半的办法缩减幅度。可引申为连续滚动或旋转。崔仲三《杨式太极拳体用图解》中说：“右臂随身体的转动边旋转边向前下弧线栽打。”

② 七寸骨：即小腿骨，包括胫骨和腓骨，俗称迎面骨或七寸骨，是小腿的主要负重骨。胫骨位于小腿内侧，向内侧和外侧突出的部分，称内侧髁和外侧髁，两髁的上面各有一关节面与股骨相接。胫骨体的前缘锐利，直接位于皮下。又没有肌肉包裹，是典型的“皮包骨”，当受到击打时，非常容易导致骨折或挫伤。

③ 备当：备，防备，准备，如《孙子兵法·计篇》：“攻其无备，出其不意。”当，疑为“挡”之误。

第二十三式　翻[①]身蹬脚用法

如乙自后方打来速退去，甲翻身见乙往回退，甲左脚先进一步，随飞起右脚直踢乙胸前，甲手要分开。如图是也。

第二十三式　翻身蹬脚用法

注释

① 翻：反转，倾倒，变动位置之意。

第二十四式　右转身蹬脚用法

如甲坐伏式乙猛扑来，甲亦用双手左右分开乙手，起右脚直踢乙腹上，如蹬人不可用劲。如图是也。

注意：以上自分脚腿用时，每式总叙一句，每式双手如翅飞称[①]劲，脚须立好为必要。

第二十四式　右转身蹬脚用法

注释

① 称：为“撑”之误。

第二十五式 双风贯耳用法

如乙用双拳自前打，甲随涵胸起双拳，由左右外方绕经上方，转里对打乙两耳处，右足在前，左足在后。如图是也。

第二十五式　双风贯耳用法

第二十六式 左右打虎用法

如甲乙二人靠[1]右手时，甲左手扣住乙右手腕上按下，举右拳要打乙项[2]，为右打虎式，右足弓式，左足蹬直。如甲右手扣住乙左手腕，甲举左拳要打乙项，左足弓式，右足为直线，为左打虎式，此右图是也。

第二十六式　左右打虎用法

注释

① 靠：此处意为倚着，挨近。

② 项：指颈的后部，泛指脖子。

第二十七式 野马分鬃用法

甲乙对立，如乙右拳打来，甲速进右步，乙拳未落之时，甲右手腕抬起掤乙膀根处①，往斜上方用劲，左足在后直线，左手随左腿亦可，左手押②乙右掌亦可。如图是也。如甲乙对立。乙起左手打来，甲亦用左脚进一步，乙手未落时，即抬左手掤乙膀根处，向上方掤去，右足蹬劲，将乙扔倒。

注释

① 膀根处：指腋窝。

② 押：抵押、拘留之意，此处为“压”之误。

第二十七式　野马分鬃用法

第二十八式 左边[1]玉女穿梭用法

如甲立，乙自右前斜方打拳[2]，甲速换式，当[3]左足向前一步，左手架乙膊，甲右掌对乙打去，右足在后蹬直。如图是也。

第二十八式　左玉女穿梭用法

注释

① 边：此字衍。后同，不另注。

② 拳：为“来”之误。

③ 当：应当、当机之意。

第二十九式 右玉女穿梭用法

如前式。乙自后方打来，甲向右方往后转，右手掤上，与身同时转过，接乙右肘下往上掤起，然后用左掌推乙胁上。右足弓式，左足蹬直。如图是也。

穿梭四个有左右不多叙。

第二十九式 右玉女穿梭用法

第三十式 单下[1]式金鸡独立用法

如甲单鞭下式，乙自前打来，甲起身抬左手至前，往上托乙膊。右膝盖随手起时，曲膝[2]直顶乙小腹，左足立直微曲，如金鸡独立是也。起左手，起右手，均可随人所作，或用脚，或用膝，勿拘。

第三十式 单下式金鸡独立用法

注释

① 单下："单鞭下式"之简称，此式为"右金鸡独立"。

② 曲膝：应为"屈膝"，后同，不另注。

第三十一式 左边金鸡独立用法

如上式。乙用左手以直打来，甲速换式金鸡独立，抬起左手曲直[1]隔开乙手，甲同时左腿抬至曲膝，用足尖踢乙小腹处，如左[2]边立式图也，使法与练法不同。

第三十一式　左金鸡独立用法

注释

① 曲直：此处意指“弯曲和平直”，曲，肘部呈90度之状。直，上臂与手腕保持平直状。

② 左：为“上”之误。

第三十二式 迎面掌用法

甲如高探马式，左手扣乙左手腕，如乙用力上挑，甲随将前右手回按乙膊，往回领劲，使乙前伏[①]，同时左掌心向上[②]由元[③]处直搠[④]乙面门，左足前进半步，右足后为直线。如图是也。

注释

① 伏：俯伏，趴下，此处应为“倾”之误。

② 上：为“前”之误。

③ 元：为“原”之误。

④ 搠：用力推，如《初刻拍案惊奇》：“那妇人将盘一搠，且不收拾。”

第三十二式　迎面掌用法

第三十三式　搂膝指裆锤用法

如甲立式，乙自前用拳直打，或用右足踢来，甲可用左手搂过膝外方，用右拳往前下方直打乙丹田气海①处，此为指裆锤。如图是也。

第三十三式　搂膝指裆捶用法

注释

① 气海：经穴名，在身体前正中线上，肚脐正中下1.5寸。先四指并拢取脐下3寸（关元穴），中点既是气海穴，亦称“丹田”。

第三十四式 上步七星用法

甲立式。乙用右手直打来，甲用左单鞭式在乙肱上往下沉。如乙回抽手时，甲随时用右手自己肱下打出，为上步七星捶。右足上步为虚式，左足为实。如图是也。

第三十四式 上步七星用法

第三十五式 退步跨虎用法

甲如前式。乙双手自左右两方一齐来打，甲将前右足抽回为实，左足虚式，甲同时亦将双手左右分开，当[①]住乙双手，此为开劲跨虎。如图是也。

第三十五式　退步跨虎用法

注释

① 当：为“挡”之误。

第三十六式　转脚摆莲用法

如乙用左拳打来，甲用双手右在前，左在后，按乙膊，用搌法往左边采劲，甲同时飞右腿扬①打乙胸，左足千万立实。如图是也。

倘敌自后打，用转身摆莲腿亦好。

第三十六式　转脚摆莲用法

注释

① 扬：播散，散开，应为“扫”之误。

第三十七式 弯弓射虎用法

如乙右掌打来劲大，甲随用右手靠接住，同时左掌拂[1]乙右肘，可用提劲往右高处粘提，将乙足根领活，然后甲用按劲向斜下打去，此是提高之图是也。

第三十七式 弯弓射虎用法

注释

① 拂：本义为轻轻擦过，此处有“扶”之意。

王宗岳遗论解明

太极用法秘诀

擎[1]，引[2]，松[3]，放[4]，敷[5]，盖[6]，对[7]，吞[8]。

以上三十七图皆使用要法，同志不可以为浮言[9]，虽然解明与人对敌时，亦许手法少易方向，不可泥撮[10]影。至于千变万化随机应敌之时，一手可变五手[11]。笔虽形容，同志须细心研究揣摸为要。盖不离掤履挤按採挒肘靠八法，进退顾盼定五行也。

注 释

按：太极用法秘诀前四字“擎、引、松、放”为李亦畬所提，篇题为“撒放秘诀”，初见于郝和传抄本；后四字“敷、盖、对、吞”为武禹襄所提，篇题为“四字密诀”，据沈寿《太极拳谱》考释：“亦畬于光绪七年（1881 年）手订的自存本，篇题全称为《禹襄母舅太极拳四字不传密诀》。”

有拳家认为，王宗岳提出的“沾连黏随”是第一步，武禹襄提出的“敷盖对吞”为第二步，李亦畬提出的“擎引松放”为第三步，并称之为“推手三部曲”，甚为不妥。前辈所拟“太极用法”尚为散打实战之秘诀，理解上仅限于“推手”，看法不免局限。

① 擎：原文为“擎起彼身借彼力（中有灵字）”。有作“擎起彼劲借彼力”或“擎开彼身借彼力”的。“擎起彼劲”中“劲”指“力量”，而“力量”不能被“擎”，只能被“引”。“擎开彼身”中“开”为“开启”，欲“开彼身”，非左右对“撑”不可。此两句中“劲”与“开”两字与“擎”的对象无根本关联，为误传误抄所致。擎，本义为把物件向上托举，在太极拳中之“擎”非拙力所为，须“借彼力”才能“擎”之。欲要“擎起彼身”，使其断根，唯有“借彼”之“力”。能“借彼力”者，则为“灵”之动也。

② 引：原文为“引到身前劲始蓄（中有敛字）”。引，源自古代围棋术语，如徐去疾《围棋入门》：“自远应援围中之子，使其乘机得出曰‘引’。”由此可见，“引”即为“引导”“引进”之意，在此的意思不同于“意引气、气引形”或“以意引气”之“引”。在太极拳术中最具代表性的“引”之架式为“攦”，“攦”有“顺其来势力”的顺引之意，即田兆麟所言：“人不动，而引其动，或人既动，而引其入于己之路线是也。”而“引”之要领是“含胸拔背，以蓄其势”，意为“引”中有“蓄”。蓄，积聚，储藏。“引到身前”的目的是为“挤发”，而“挤发”的条件则为“劲始蓄”后的“蓄而后发”。笔者以为，该句的重点恰恰不在于“引”字，而在于“蓄”字。敛，收起、聚合，此所谓“蓄劲如张弓”。在《周礼·夏官·缮人》篇中的“既射则敛之”，则是“蓄而待发”的最好诠释。

③ 松：原文为“松开我劲勿使屈（中有静字）”。松，即不紧之意。周身松开是太极拳体用之时的首要前提。意松体松，四肢百骸，五脏六腑皆松。松则沉，松则安舒、松则轻灵、松易蓄发、松易内刚。使，为让之意。屈，此处同“曲”，弯曲，含有竭、诎屈、盘曲、穷尽之意。“松开我劲”并非把我之劲松开，劲松则不发。“勿使屈”意为别让劲路盘曲而使之堵塞，堵塞则劲易断。静，安详，娴雅之意，此为“静则松”也。

④ 放：原文为“放时腰脚认端的（中有整字）”。放，就是发劲。端，

发端、开端。端的，多见于早期白话。意为事情的根底、缘由。此句意为发劲时，要认识到根底在脚，从而“发于腿，主宰于腰，形于手指。由脚而腿而腰，总须完整一气，乃能得机得势”。此劲为“整”也。

⑤ 敷：本义为搽、涂，此处引申为“微贴”之意。叶大密释此字如是说：“微贴敌身，听彼动静，以取先动之机。”此为“彼不动，己不动，彼微动，己先动”的安详净心功夫，如一怒一躁则敷听皆失，恰如《淮南子·本经》中所说：“怒则动，动则手足不净。”

⑥ 盖：压倒、超过之意，如成语“盖世无双”。可引申为胜过、超出。叶大密释此字如是说：“盖世无双，有威胁敌人之意，似敌如鼠见猫，不得动弹。”“盖”并非携力胜之，而以天地之凛然正气为要。

⑦ 对：对立，敌对，对付。此为“对付”之意，如《韩非子·初见秦》曰：“夫一人奋死可以对十，十可以对百。”王宗岳《太极拳论》所曰：“动急则急应，动缓则缓随，虽变化万端，而理为一贯。”“人不知我。我独知人。英雄所向无敌。”则为太极拳对敌法之总要。

⑧ 吞：整个咽下去为“吞”，引申为吞并、消灭之意，如《广雅》解：“吞，灭也。”叶大密释此字如是说：“气吞山河，使敌时时在我掌握之中。”如辛弃疾《永遇乐·京口北固亭怀古》：“气吞万里如虎。”

⑨ 浮言：空乏浮华不切实际的语言。

⑩ 撮：为“摄”之误。此句意为不可拘泥于拳照。

⑪ 一手可变五手：武术套路是经几代武术家精心揣摩逐渐形成的成套武术动作，旧时称“套子”或“套”，属于习练“演法”，供习练者领会和参悟每个常态招式的体用含义。在实战技击上的应用却是可以随机应变的动态，往往一个招式通过灵活运用可以衍变出多种解数。句中之“五”并非实数，为多数之意。

太极者，无极而生，阴阳之母也。（注意实行解说[①]，非作文章也）

不动为无极，已动为太极。空气磨动而生太极，遂分阴阳，故练太极先讲阴阳。而内包罗万象，相生相克由此而变化矣。太极本无极生，而阴阳之母也。

注释

① 实行解说：本篇名为“王宗岳遗论解明”，内容是对“王宗岳太极拳论”的“实行解说”。有拳者错以为“实行解说”者为杨澄甫口述，此误认显然是粗读所致。本书署名者为杨澄甫，而编述者则为董英杰。解说中有如下文字：“吾师澄甫先生常言：‘由己则滞，从人则活。’”即可说明“实行解说”为董英杰所撰。《太极拳释义》中，该篇“解说”略经修改后也编入其中。

动之则分，静之则合。

练太极，心意一动则分发四肢，太极生两仪、四象、八卦、九宫，即掤履挤按採挒肘靠进退顾盼定，静本还无极，心神合一，满身空空洞洞，少有接触即知。

无过不及，随曲就伸。

无论练拳对敌，无过不及，过逾也，不及未到也，过与不及皆失中心点。如敌来攻，顺化为曲，曲者湾也。如敌攻未呈[①]欲退，我随彼退时就伸，伸者，出手发劲也。过有顶之敝，不及为丢，不能随曲为抗，不能就伸为之离，谨记“丢顶抗离”四字，如功能不即不离，方能随手凑巧。

注释

① 呈：显出，露出。

人刚我柔谓之“走”，我顺人背谓之“黏”。

比如二人对敌，人力刚直，我用柔软之手搭上敌之刚直上，如皮鞭打物，然实实搭在他劲上，他相[1]摔开甚难，他交[2]就是胶皮带缠住他，能放能长，如他用大力，我随他手腕往后坐身，手同时不离往怀收转半个圈，为之走化也。向他左方伸手，使敌身侧不得力，我为顺，人为背，黏他不能走脱矣。昔有一轶事，有不法和尚善头者，与一人较[3]，人知其用羊抵头之法无敌焉，甚惧，其人见和尚新剃头，忽想一法，去屋用湿毛巾一条防焉，和尚施其法，此人用湿毛巾摔搭头上往下一拉，和尚随倒，是即以柔克刚之理也。

注释

① 相：为“想”之误。

② 交：为“走”之误。

③ 较：本义是指对事物进行对比，以显出异同或高低。此处指与人交手比试。

动急则急应，动缓则缓随。

今同志知其柔化，不知急应之法，恐难与外功对敌。急快也，缓慢也。如敌来缓则柔化跟随，此理皆明。如敌来甚速，柔化乌[1]能取哉？则用太极截劲之法，不后不先之理以应敌。何为截劲？如行兵埋伏，突出截击之。何为不后不先？如敌手已发未到之际，我手截入敌膊未直之时，一发即去，此为迎头痛击。动急则急应，此非真传不可。

注释

① 乌：作为副词，指原因或理由，意为怎么。

虽变化万端，而理为一贯。

与人对敌，如推手或散手，无论何着数，有大圈、小圈、半个圈、阴阳之奥妙，步法之虚实，太极之阴阳鱼，不丢顶之理，循环不息，变化不同，太极之理则一也。

由着熟而渐悟懂劲，由懂劲而阶及神明。然非用力之久，不能豁然贯通焉！

着者拳式也，今同志专悟懂劲，故不能发人。先学姿势正确，次要熟练，渐学懂劲。古人云：不揣其本而其齐其末，方寸之木，可使高于岑楼①。此句先求姿势后悟懂劲，不难而及神明，神明言拳精巧，豁然贯通，即领悟得拳奥妙，能气行如九曲珠，太极理通焉，非久练久熟，何能及此境耶。

注释

① 岑楼：即高楼，如《孟子·告子下》曰："不揣其本而齐其末，方寸之木，可使高于岑楼。"朱熹《集注》："岑楼，楼之高锐似山者。"

虚领顶劲，气沉丹田，不偏不倚，

顶者头顶也，此处道家称为泥丸宫，素呼天门。顶劲非用力上顶，要空虚要头容正直，精神上提，不可气贯于顶，练久眼目光明，无有头痛之病。丹田在脐下寸余即小腹处，一身元气总聚此地位。行功如气海发源，环流四肢。气归丹田身与气不偏倚，如偏倚，犹磁①瓶盛水瓶歪倒，则水流出矣，丹田偏倚，则气不能归聚矣。此说法佛家称舍利子②，道家为练③丹，如此练法气壮多男，工④久外有柔软筋骨，内有坚实腹脏，气充足，百病不能侵矣。

注释

① 磁：为“瓷”之误。

② 舍利子：舍利为梵语音译，是印度人死后身体的总称。在佛教中，僧人死后所遗留的头发、骨骼、骨灰等，均称为舍利。在火化后，所产生的结晶体，则称为“舍利子”或“坚固子”。

③ 练：为“炼”之误。

④ 工：为“功”之误。

忽隐忽现，左重则左虚，右重则右杳①。

隐者藏也，现者露也。隐现之法，与人对敌，犹神明难测之妙。如敌来击至我身，我身收束为忽（隐），使敌不能施其力，如敌手往回抽时，我随跟进为忽现，敌不知我式高低上下，无法敌当我手。练太极如河中小船，人步临其上，必略偏忽隐，又裹步必随起，忽现，犹龙之变化，能升能降，降则隐而藏形，现能飞升太虚兴云吐露。此理言太极能高低，隐现即忽有忽无之。说重者不动也，与人对敌不动可乎？如用拳必以身体活动，手脚灵捷，然后可以迎敌。敌如击我左方，我身略偏虚，（使彼）无可逞。击我右方，我右肩往后收缩，使其拳来无所着。我体灵活不可捉摸，即左重左虚，右重右杳。

注释

① 杳：本指遥远而无尽头，如蔡琰《胡笳十八拍》：“朝见长城兮路杳漫。”此处意指无影无形。

仰之则弥高，俯之则弥深。

仰为上，俯为下，敌欲高攻，吾即因而高之而不可及，敌欲押吾下因而降，使敌失其重心。与己说，仰之弥高眼上看，心想将敌人掷上房屋；俯之弥深，想将敌人打入地内。班侯先生有轶事，六月某日在村外（即北方收粮地方）场乘凉，突来一人拱手曰：“访问班侯先生居处。”答：“吾即杨某也。”其人疾出大食中三指击之，班侯师见场有草房七尺高，招手说：“朋友你上去。”遂将其掷上。又言：“请下能速回医治。”乡人问曰：“何能掷其上?”曰：“仰之弥高。”乡人不解其说。北方有洛万子从学焉，习数年欲试其技。班侯师曰：“将你掷出元宝式样可乎?”万笑曰：“略试之。”交手如言两手两脚朝天，右胯着下如元宝形，入地不能，将胯摔脱矣，医好至今腿略颠跛。此人拳甚好，其人至今还在。常曰：“俯之弥深利害极矣。”

进之则愈长，退之则愈促。

长者进也，促者迫也。与人对敌时，可进不可退。伸手长劲，我手愈进愈长，不进则短。我击敌，敌退时我进身跟步，促迫敌不能逃也，敌不逃脱，我为顺，敌为背，可能施其机。总言之，即“粘连黏随”之意义矣。

一羽不能加，蝇虫不能落。

练功久，感觉灵敏，稍有接触即知，独如一鸟毛之轻，我亦不驮。蝇虫之小，亦不能着落我身。即便着落琉璃瓶内，光滑不能立足，我以化力，将蝇足分磋矣，如此可谓太极之功成矣。昔班侯先生有一轶事，六月行功时，常卧树荫下休息，或有风吹一叶落身上，不能存留，随脱流而落地下。

自常试己功，解襟仰卧榻上，拈金米（即小米）少许置与[1]脐上，听呼一声，小米犹弹弓射弹一样，飞射瓦屋顶相接。班侯先生之功可为及矣，同志宜为之。

人不知我，我独知人。英雄所向无敌，盖皆由此而及也！

与人对敌，不出有一定架式，便敌无处入手。如诸葛用兵，或攻或守，敌莫能预测，谚云："不知我葫芦卖的是什么药"。敌不知我练太极有审敌之法，如搭手素熟懂劲，我手有灵动知觉，敌手稍动我早知来意，随手凑巧[2]以发即出。如离远用审敌法，以望即知其动作。兵法云："知己知彼，百战百胜。"英雄所向无敌，荩[3]皆由此而及也。

注释

① 与：为"于"之误。

② 凑巧：凑，聚合。巧，灵巧。此为"聚合巧劲"之意。

③ 荩：烧剩的柴木，也泛指剩余的事物，通"烬"。此处为"尽"之误。

斯技旁门甚多，虽势有区别，概不外乎壮欺弱，慢让快耳。有力让[1]无力，手慢让手快，是皆先天自然之能。非关学力而有也！

虽拳类繁多，各门姿式用法不同。总而言之，盖注重手快力大则一也，此种说法，人生就有，非学得也。各拳著名人亦甚多，但未有太极之理之精微奥妙也。

注释

① 让：为"打"之误。

察“四两拨千斤”之句，显非力胜；

圣人云：“以力服人者，非心服也。”[①]学艺能无力打有力，手慢胜手快，以巧治敌，能使人实地心服，亦不愧学艺之苦心矣。练太极能引进落空，虽千斤力无所用矣。能灵活才有落空之妙，能引进落空，四两拨千斤之妙得矣。昔有一轶事：京西有富翁庄宅如城，人称为“小府张宅”，其人爱武家，有镖师三十余人，性且好学。闻广平府杨禄禅名著，托友武禄青者往聘，及请至。张见其人瘦小，身未五尺，面目忠厚，身衣布衣，遂招待，其礼不恭，宴亦不盛。禄禅先师会意，遂自酌自饮，不顾其他。张不悦曰：“常闻武哥哥谈先生盛名，不知太极能打人乎?”禄禅知谦不成，遂曰：“有三种人不可打。”张问：“何为三种?”答曰：“铜铸的、铁打的、木作的，此三种人不容易打，其外无论。”张曰：“敝舍卅余人冠者刘教师，力能举五百斤与戏可乎?”答曰：“无妨一试。”刘某来式猛如泰山，拳风飕声。临近，禄禅以右手引其落空，以左手拍之，其人跌出三丈外。张抚拳笑曰：“先生真神技矣。”遂使厨夫，从[②]新换满汉盛宴，恭敬如师。刘力为牛，不巧安能敌手，由此知彼显非力胜，之能为功也。

注释

① 圣人云……非心服也：圣人指孟子。语出《孟子·公孙丑上》，原文为：“以力服人者，非心服也，力不赡也；以德服人者，中心悦而诚服也。”

② 从：为“重，音 chóng”之误。

观耄耋能御众之形，快何能为?!

七八十岁为耄耋，能御众人，指练拳言。不练拳，即年壮，敌一二人难矣。用功人自学拳日起，至老未脱功夫，日久筋骨内壮，气血充足，故七八十岁能敌众人。犹战定军山老黄忠言："人老马不老，马老刀不老。"其言甚壮。练太极拳人老，精神不老，能敌多人，概此意也。昔建侯[1]太师遗事：有日天雨初晴，院泥水中一小路，可容一人行，门生赵某立其间观天，不知老先生自屋出，行赵后焉，欲为戏伸右膊轻轻押赵右肩上，赵某觉似大梁押肩，身湾[2]曲侧坐，移出路，老先生笑而不言，行出。又一日，足立院中言与众捕为戏，有门生八九人齐拥上来，见老先生几个转身，众人齐跌出，有丈余的，亦有八九尺远的。老先生年近八十，耄耋御众，非妄言也。快何能为？此快字言无着数之快，谓之忙乱，忙乱之快无所用矣，非快不好，快而有法然后可用矣。

注释

① 建侯：为"健侯"之误。

② 湾：为"弯"之误。

立如平准，活似车轮。

立如平准，即立身中立不偏，方能支撑八面。即乾、坤、坎、离、异、震、兑、艮，即四正四斜方向也。活似车轮，言气循环不息。古人云："得其环中，以应无穷。[1]"腰如车轴，四肢如车轮，如腰不能作车轴，四肢不能转动。自己想使车轴转，可多浇油，腰轴油满方好。同志细细体会，自得之，勿须教也。

注释

① 得其环中，以应无穷：环中，指圆环的中心。语出《庄子·齐物论》："彼是莫得其偶，谓之道枢。枢始得其环中，以应无穷。"郭象注："夫是非

反覆，相寻无穷，故谓之环。环中，空矣；今以是非为环而得其中者，无是无非也。无是无非，故能应夫是非。是非无穷，故应亦无穷。”

偏沉则随，双重则滞。

前说有车轮之比，犹如用一脚蹬轮偏，自然随之而下。何为双重？犹如右脚蹬上右方，左脚蹬上左方，两力平均，自滞而不转动，此理甚明，勿须细说。

每见数年纯功，不能运化者，率皆自为人制，双重之病未悟耳！

最浅解说，同志得许多宜处。譬如有几人练太极，日日用功五六年，与人较，反被敌制。同志问曰：“你用功五六年，可为纯工矣，何其不胜？请表演十三式观之，”见其练法，骑马坐裆握拳，怒[①]目咬牙，力大如牛，气也未敢出，此为双重练法。同志笑曰：“专驾未悟双重之病耳。”又一人曰：“我不用力练五六年，为何连十岁顽童也打不倒?”同志请其演十三式，见其练法毫不着力，浮如鹅毛，手足未敢伸，眼亦未敢开大。同志笑曰：“尊驾为双浮误矣，双浮亦为病。”众笑曰：“却实练法何能得之?”

欲避此病，

双重双浮之病，欲避此病，现今易耳。有此拳书容易知之，此书阅法，先阅一遍，拳理甚多，不能一阅就全懂。日后可练十日拳，阅一日书，慢慢此书功效大著矣。如有一节悟明料难，可问高明老师可也。

须知阴阳：粘即是走，走即是粘；阴不离阳，阳不离阴；阴阳相济，方为懂劲。

阴阳即虚实。总而言之，粘连走化懂敌之来劲，前解甚多不必多叙。

懂劲后愈练愈精，默识揣摩，渐至从心所欲。

能懂敌之来劲，加以日日习练，久熟之意。揣摩就是悟想老师教的使用法，极熟，出手心想即至，从心所欲得之矣。

本是“舍己从人”，

与敌对手，知要随人所动，不要自动。吾师澄甫先生常言：“由己则滞，从人则活。”能从人便得落空之妙。由己不能由己，能从人就能由己，此理极确实，极奥妙，同志功夫练不到此地位，恐不易知耳，此说极明显。佛经云：我说牛头有两角，即明显之意也。

多误“舍近求远”，所谓“差之厘毫，谬之千里”[①]，学者不可不详辩焉！是为论。

与敌对手，多是不用近，而用远。静以待动，机到即发为近。出手慌忙，上下寻处击敌为远。太极之巧，分寸之大，厘毫之小，所以不可差也。如差厘毫，如千里之远，练拳对手同志不可不注意焉。此先师王宗岳传太极拳之要论。

注释

① 恕：为“怒”之误。

② 差之厘毫，谬之千里：“厘毫”，即“毫厘”之意。“谬之千里”有作“谬以千里”的，语出《汉书·司马迁传》：“差以厘毫，谬以千里。”其意同。

审敌法

与人对敌，先观其体格大小，如身体大必有莽力，我以巧应之。如其身体瘦小必巧，我以力攻之。此为遇弱者力取，遇强者智取。无论其人大小，如彼高式，我可以低式；如彼低式，我可以高式。此为高低阴阳之法也。

欲观敌力之动作，先观其眼目情形，次观其身手。如敌想用打拳，先观其肩尖必凸起，或观其后撤。如敌欲用脚蹬，其身必先昃[1]。理之所在，以定情形，如能先知，何其不胜。如敌喜色交手，我以柔化之；如敌怒目突来，其心不善，我用力十分击之，此为出乎尔者，反乎尔者。望敌无怨，练太极人先礼后兵。

与人对敌出乎[2]快慢不等，如敌手慢，我使沾连黏随手；如敌手快乱打，我心要静，胆要壮，观其最后来近之手，我专注一方或左右化之而还击。常言："不慌不忙，顺手牵羊。"为太极动急则急应，动缓则缓随之理。

与人对敌，其法不一。如敌来近，上搭手下进步，走即粘，粘即走。如敌窜跃为能，不敢来近，我以十三式择一式等之，不要遂其窜跃，如虎待鹿之理。敌为卦外③之行走，我为太极之中点④。我主静稳也，敌主动燥⑤也，燥火上升而不能忍，十分钟定来攻击，此为相生相克，敌不难而入内圈矣。此太极生两仪、四象、八卦，定而不可移也。

太极用功法有三，分天盘、人盘、地盘⑥。先练顺，次练劲，后练巧。先开展，后紧凑。如此练法，然后可用矣。

此书解说许多笑谈，以助同志习拳之精神。文字虽粗，拳理实传。其谈虽笑，其事却然。非敢荒言以欺诸君也，同志按书练习得其道矣。

注释

① 昃：音 zè，本义太阳偏西。此处当作“仄”，指侧斜。

② 乎：为“手”之误。

③ 卦外：卦，是古代用来占卜的工具，它是象征自然现象和人事变化的一套符号。卦外，指不在太极拳八法“掤、攦、挤、按、採、挒、肘、靠”之内的战法。

④ 太极之中点：指太极图阴阳鱼之中心点，为非阴非阳无极之状。此处意指太极拳法五行中之“中定”。“中”为枢纽，“定”为意守，“守中”即为以静待动之势。

⑤ 燥：本义为干燥，此处为“躁”之误。躁，急躁、躁暴，如《素问·奇病论》曰：“身热如炭，颈膺如格，人迎躁盛，喘息气逆，此有馀也。”躁则怒，怒则乱，如《淮南子·本经》所曰：“怒则动，动则手足不静。”

⑥ 天盘、人盘、地盘：为风水学中罗盘使用的专用语，在罗盘里层刻

有“二十四山向”的圆圈为地盘；在罗盘中间刻有“二十四山向”的圆圈为人盘；在罗盘外层刻有“二十四山向”的圆圈为天盘。此处用于太极拳三步用功法之习练，喻义“练顺”“练劲”“练巧”。

评 论

有人言文武当老师，其传必留一手不传。我言之则不然，无论学文学武，有朋友学、有门生学两说。为朋友久而能敬，为门生百年不忘师傅。无论文武为师，不尽心相授，是无天理。惟练武人以义气当先，未尽所学，半途而废，如说为师不肯尽授，留一手之说，此理甚怪。论太极不在外形之姿式，全在内理劲与气耳，理通之后，自悟神而化之，可成全功。

（一）八门五步[①]

掤南、搌西、挤东、按北、採西北、挒东南、肘东北、靠西南——方位。

坎、离、兑、震、巽、乾、坤、艮——八门。

方位八门，乃为阴阳颠倒之理[②]，周而复始，随其所行也。总之，四正、四隅不可不知也。夫掤、搌、挤、按是四正之手。採、挒、肘、靠是四隅之手。合隅、正之手，得门位之卦。以身分步，五行在意，支撑八面。

五行：进步火、退步水、左顾木、右盼金、定之方中土也。

夫进退为水、火之步，顾盼为金、木之步，以中土为枢纽之轴。

怀藏八卦，脚趾[3]五行，手步八五，其数十三，出于自然，十三势也，名之曰“八门五步”。

注释

① 八门五步：此篇出于《三十二目》第一目。

② 阴阳颠倒之理：阴阳颠倒之理是太极拳行功之要点，是太极拳术进入杨禄禅时代后所形成的重要理论系统。详见其后“太极阴阳颠倒解”。

③ 趾：指“脚指”，此处为“跐”之误。跐，脚下滑动、移动之意。

（二）八门五步用功法[1]

八卦五行，是人生成固有之良。[2]必先明“知觉运动[3]”四字之跟由[4]。知觉运动得之后，而后方能懂劲，由懂劲后，自能接及神明矣。然用功之初，要知“知觉运动”，虽固有之良，亦甚难得于我也。[5]

注释

① 八门五步用功法：此篇出于《三十二目》第二目。

② 八卦五行，是人生成固有之良：“八卦”，我国古代的一套有象征意义的符号。用“—”代表阳，用“– –”代表阴，用三个这样的符号，组成八种形式，叫作八卦。八卦的每一卦形又分别代表天、地、水、火、雷、山、风、泽。八卦互相搭配又得到六十四卦，用来象征各种自然现象和人事现象。“五行”的“五”，指的是金、木、水、火、土五元素，或五气；“行”则意味着运动、轮回、作用。此句意为：八卦与五行体现的原理与现象，在人身上是固有的，先天存在的。良，此处意为人类不学而知的、不学

而能的、先天具有的能力。”

③ 知觉运动：“知”即“领会”，“觉”即“感觉”，对客观事物个别属性的认识是感觉，对同一事物的各种感觉的结合，就形成了对这一物体的整体的认识，也就是知觉。知觉是直接作用于感觉器官的客观物体在人脑中的反映。知觉运动，直接影响人的形体运动和心理运动。杨家秘谱《三十二目》多次强调知觉运动，强调了太极拳体用活动中，“知觉”对心理运动、形体运动从感觉到认识的重要作用。

④ 跟由：当作“根由”，指缘故，来历。杨振基《杨澄甫式太极拳》中的《太极拳老拳谱》影印件（以下称《老拳谱》）中作“本有”。

⑤ 然用功之初……亦甚难得于我也：此句意为：在开始习练太极拳功夫的时候，就要在脑中对外界的客观事物有一定的感觉和认知，尽管具有先天所赋予的一些判断能力，也很难得到拳术中的奥妙之处。

粘黏连随①

粘者，提上拔高之谓也；黏者，留恋缱绻②之谓也；连者，舍己无离之谓也；随者，彼走此应之谓也。

要知人之知觉运动，非明粘、黏、连、随不可。③斯粘、黏、连、随之功夫，亦甚细矣。④

注 释

① 粘黏连随：此篇出于《三十二目》第四目。

② 缱绻：音 qiǎn quǎn，此为纠缠萦绕、不离不散之意，如《诗·大雅·民劳》：“无纵诡随，以谨缱绻。”马瑞辰《通释》：“缱绻即紧绻之别体。”高亨注：“缱绻，固结不解之意。”

③ 要知人之知觉运动……不可：粘、黏、连、随，二水居士在《杨家

太极拳老拳谱32目理论体系探赜》中有解曰："粘，我之于人的主动知觉；黏，我之于人的被动知觉；连，人之于我的主动知觉；随，我之于人的被动知觉。"两句意为：想要知道对方的知觉运动，就非得搞懂粘、黏、连、随的用法不可。

④ 斯……亦甚细矣：斯：这个，如《论语·子罕》："子在川上曰：逝者如斯夫，不舍昼夜。"亦，同样；细，周密详尽。两句意为这粘、黏、连、随的听劲功夫，同样是很缜密的招式呀。

顶匾丢抗[①]

顶者，出头之谓也；匾者，不及之谓也；丢者，离开之谓也；抗者，太过之谓也。

要知于此四字之病，不但沾、黏、连、随，断亦不明知觉运动也。[②]初学对手，不可不知也，更不可不去知病。所难者，沾、黏、连、随，而不许顶、匾、丢、抗。是所不易矣。[③]

注释

① 顶匾丢抗：此篇出于《三十二目》第五目。

② 要知于此四字之病……断亦不明知觉运动也：但，《老拳谱》中为"明"，此处为误。亦，《老拳谱》中无此字。三句意为：要知道有顶、匾、丢、抗这些不合拳理的毛病，是不明白粘、黏、连、随的用法所致，因此肯定也不明白知觉运动道理。

③ 初学对手……是所不易矣：知病，《老拳谱》中为"此病"，此处为误。顶、匾、丢、抗，二水居士在《杨家太极拳老拳谱32目理论体系探赜》中有解曰："顶，我之于人的过激反应；匾，我之于人的消极反应；丢，人

之于我的消极反应；抗，人之于我的过激反应。”此句意为：初次习练与人交手，不可不明白这道理，更不能不去掉这毛病。难的是在运用粘、黏、连、随时，又不许有顶、匾、丢、抗的毛病，这确实不容易。

对待无病①

顶、匾、丢、抗，失于对待也。所以为之病者，既失沾、黏、连、随，何以获知觉运动？②既不知己，焉能知人？③所谓对待者，不以顶、匾、丢、抗相对于人也，要以沾、黏、连、随等待于人也。④能如是，不但无对待之病，知觉运动自然得矣。可以进于懂劲之功矣。⑤

注释

① 对待无病：此篇出于《三十二目》第六目。对待，双方面相比较而存在，处于相对的情况。指对立或可以抗衡的事物，如蔡元培《三十五年来中国之新文化》：“从汉季到隋唐，与印度文化接触，翻译宣传，与固有文化几成对待。”

② 顶、匾、丢、抗……何以获知觉运动：有顶、匾、丢、抗的错误，就会在抗衡中失去中土。所以称之为毛病，是已经丢失了沾、黏、连、随的知人前提，又怎么能感知知觉运动呢？

③ 既不知己，焉能知人：既然不能知己，又怎么能够知人呢？

④ 所谓对待者……等待于人也：所谓与对方较手，不能带有顶、匾、丢、抗的毛病去抗衡，而是要以沾、黏、连、随的方法去“听”对方。

⑤ 能如是……可以进于懂劲之功矣：如果能这样，不但没有顶、匾、丢、抗的毛病，知觉运动也自然易于掌握，这样就可以进入懂劲的功夫层面了。

对待用功法守中土[①]（俗名站桩）

定之方中足有根，先明四正进退身。掤攦挤按自四手，须费功夫得其真。

身形腰顶皆可以，粘黏连随意气均。运动知觉来相应，神是君位骨肉臣。

分明火候七十二[②]，天然乃武并乃文[③]。

注释

① 对待用功法守中土：此篇出于《三十二目》第七目。站桩，为练中定不动的无极状态之功，可谓“得其环中，以应无穷”。

② 火候七十二：七十二候，中国最早的结合天文、气象、物候知识指导农事活动的历法，源于黄河流域，完整记载出于公元前二世纪的《逸周书·时训解》。古人以五日为候，三候为一节气，六气为一时令，四个时令为一年。一年二十四节气共七十二候。各候均以一个物候现象相应，亦对应人体之五脏六腑，每脏主气运七十二日。明代罗洪先著《万寿仙书》中的“四时坐功祛病图诀”解说了节气的阴阳脏腑所生之理，为二十四节气坐功导引养生之术。此句说明太极拳与内修有着密切的联系。

③ 天然乃武并乃文：道家哲学用语，即生来就有的，自然生成形成的。如《三十二目》第十四目中曰：“文者，体也；武者，用也。”意为“修身为体，技击为用”的文武之道，是太极拳自然形成的核心。

身形腰顶[1]

身形腰顶岂可无？缺一何必费功夫。腰顶穷研生不已，身形顺我自伸舒。[2]

舍此真理终何极？十年数载亦糊涂。[3]

注释

①身形腰顶：此篇出于《三十二目》第八目。身形："立身中正"；腰："腰为主宰"；顶："虚领顶劲"。

② 身形腰顶岂可无……身形顺我自伸舒："立身中正""腰为主宰""虚领顶劲"怎么可以没有？缺少其中之一，又何必去练拳呢？"腰为主宰"和"虚领顶劲"的要求用一生的时间来研习也学不到尽头。掌握了"立身中正"等身法要求，便能"活如车轮"，收放自如。

③ 舍此……糊涂：无视这些重要的习练要领，到头来是会是怎样的呢？就是十年数载过去，也不会明白太极拳的基本道理所在。

太极圈[1]

退圈容易进圈难，不离腰顶后与前。所难中土不离位，退易进难仔细研。

此为动功非站定，倚身进退并比肩。能如水磨催急缓，云龙风虎象周旋。

要用天盘从此觅，久而久之出天然。

注释

① 太极圈：此篇出于《三十二目》第九目。

按：圈，圆也。如《淮南子·原道》："天下为之圈。"宇宙间天体之运动，日月星辰无不以圆转为存在规律，此即天道。

太极圈，太极图形为圆，圆而环之为圈。在太极图的圈内，抽象化地表达了阴阳轮转、相反相成的万物生成变化根源的哲理，以及展现了一种互相转化、相对统一的形式美学哲理。

在太极拳中，离不开以守定环中为"中土"，从无极到有极而向圈外旋转扩展的运动轨迹。《老拳谱》中《太极正功解》开篇便曰："太极者，圆也。无论内外、上下、左右，不离此圆也。"

太极上下名天地①

四手上下分天地，採挒肘靠有由去②。採天靠地③相应求，何患上下不既济④？

若使挒肘习远离，迷了乾坤遗叹惜！此说亦明天地盘⑤，进用肘挒归人字。

注释

① 太极上下名天地：此篇出于《三十二目》第十一目。内容皆指採挒肘靠之四隅手。

② 有由去：《老拳谱》作"由有去"，意为"由着它去"。

③ 採天靠地："採"为由上往下之劲，田兆麟在《太极拳刀剑杆散手合编》中曰："往下沉採之谓也。""靠"为由下往上之劲，董英杰在《太极拳释义》中曰："右膊向上往外反猛抖劲。"此谓之"採天靠地"也。

④ 既济：既，已经。济，成功。既济，已经成功。《易经·六十四卦》第六十三卦："水火既济，既济卦，为盛极将衰之意。坎为水，离为火，水火相交，水在火上，水势灭火势，大功告成。火在水上，即无济。"因此需要辨别各物体的性质、条件等因素，使之各得其位，各具其所。

⑤ 天地盘：所谓天地盘，就是太极盘，又名天方图。

按：天地盘是明代学者黄道周释天论地、研究和讲授易学数理的仪器，全部用花岗石砌成，正方形，分两层，下为台基，上则每边长 3.7 米，高 0.42 米。盘面每边刻有 128 个小方格，一周 512 格，全盘共 16384 格。在方格间，由里到外刻 8 个同心圆，以表示"天"，方格则表示"地"。

天地盘是按照地球与太阳、月球的相对运动所建立起来的一种运动模型，是天干、地支在运动中的混合体，它们相互包容，相互作用，直观地反映了宇宙气质变化和作用。

天地盘中没有一个确定的人字盘存在，它的运动象征着宇宙万事万物的自然运动，当然也包括了人类的运动。人类的各种运动，同样与万物的气质运动产生对应，都可以在天地盘中找到相应的位置，或者叫气数的对应，这就是所谓的"人字盘"。

八五十三势长拳解①

自己用功，式式用成之后，合之为"长"。滔滔不断，周而复始，所以名长拳也。不得有直劲，恐日久入干滑拳也，又恐落于硬拳也，②决不可失其绵软。周身往复，精神意气之本，用久自然贯通，无往不至，何坚不摧③也？

与人对待，四手当先，亦自八门五步而来。站④四手、四手碾磨、进退四手、中四手、上下四手、三才四手。由下乘长拳四手起，大开大展，练至紧凑，伸屈自由之功，则升之中上成⑤矣。虽棉有刚。

注释

① 八五十三势长拳解：此篇出于《三十二目》第十六目。八五，八门五步。十三势长拳，以八门五步为行拳核心的太极拳前称。

② 自己用功……又恐落于硬拳也：文字与《老拳谱》有较大出入，特录《老拳谱》如下："自己用功，一势一式用成之后，合之为长。滔滔不断，周而复始，所以名长拳也。万不得有一定之架子，恐日久入于滑拳也，又恐落于硬拳也。"定之架子，指不动、不变的停顿之拳架。滑，指浮华不实。

③ 摧：《老拳谱》作"推"，为《老拳谱》误抄。

④ 站：站立、立停。《老拳谱》为"跕"。跕，下坠之意。

⑤ 成：《老拳谱》亦作"成"，两者均为"乘"之误抄也。前文说习拳由"长拳四手起，大开大展"为"下乘"，"练至紧凑，伸屈自由之功"则可谓"中上乘"。

太极阴阳颠倒解[①]

阳：乾、天、日、火、离、放、出、发、对、开、臣、肉、用、气、身、武、立命、方、呼、上、进、隅；

阴：坤、地、月、水、坎、卷、入、蓄、待、合、君、骨、体、理、心、文、尽性、圆、吸、下、退、正。

盖颠倒之理，"水"、"火"二字详之，则可明。如：火炎上、水润下者，水能使火在下而用。水在上，则为颠倒。然非有法治之则不得矣！

譬如：水入鼎内，而置[②]火之上，鼎中之水，得火以燃之，不但水不能下润，藉火气，水必有温时。火虽炎上，得鼎以隔之，是为有极之地，不使炎上，炎火无止息；亦不使润下水永渗漏。此所谓水火既济之理也，颠倒之理也。

若使任其火炎上，来水润下，必至水火分为二③，则为水来济也④。

故云：分而为二，合之为一之理也。故云：一而二、二而一，总斯⑤理为三，天、地、人也。

明此阴阳颠倒之理，则可与言道；知道不可须臾离，则可与言人；能以人弘道，知道不远人，则可与言天地同体。上天，下地，人在其中矣。

苟能参天察地，与日月合其明，与五岳、四渎华朽，与四时之错行，与草木并枯荣，明鬼神之吉凶，知人事（之）兴衰，则可言乾坤为一大天地，人为一小天地也。⑥

天⑦如人之身心，致知格物⑧于天地之知能，则可言人之良知、良能。若思不失固有，其功用浩然正气，直养无害，攸久无疆矣。

所谓人身生成一小天地者，天也、性也、地也、命也、人也、虚灵也、神也。若不明之者，乌能配天地为三乎？然非尽性立命⑨，穷神达化之功，胡为乎来哉⑩！

注释

① 太极阴阳颠倒解：此篇出于《三十二目》第十七目。

② 置：摆放，《老拳谱》误作“治”。

③ 必至水火分为二：《老拳谱》作“必至火水必分为二”。

④ 则为水来济也：来，为“未”之误。《老拳谱》作“则为火水未济也”。

⑤ 斯：这个。

⑥ 苟能参天察地……人为一小天地也：苟，如果。参，领悟。察，知晓。此句意为如果能领悟知晓天地（所谓天地，即包括诸如日月、五岳、四渎、四时、草木、鬼神、人事等万事万物）的奥秘与道理，就可知天人合一的道理，乾坤（宇宙）为“一大天地”，人是宇宙的一部分，即“一小天地”。人的一切活动（心理的、形体的）都要与天地之理相契合，都要遵从天地运行的法则。

⑦ 天：为“夫”之误。《老拳谱》作“夫”，为文言发语词。

⑧ 致知格物：致知，达到完善的理解。格物，探究事物的道理纠正人的行为，语出《礼记·大学》：“欲诚其意者，先致其知。致知在格物，物格而后知至。”格物致知，为儒家认识论方法论的重要概念。

⑨ 尽性立命：太极拳里，性修神、命修气、气修形。修炼的目的是“穷理尽性以至于命”。穷理是穷尽天地间事物之理。尽性是完善人性到和天性相同。穷理是知其理，尽性是行其德，知和行合一就可以安身立命。

⑩ 胡为乎来哉：为什么来呢？套用《蜀道难》“嗟尔远道之人，胡为乎来哉”句式。表示不值得这样做。

按：《王宗岳太极拳论》中开篇则曰：“动之则分，静之则合”。“动之则分”就是分出阴阳，否则阴阳便不相既济。要体现“动之则分”而为太极，阴阳颠倒就是方法。无论“动之则分”还是“静之则合”，必须存在太极阴阳颠倒的理论。拳论中所说的“欲左先右、欲右先左；逢左必右、逢右必左”就是阴阳颠倒之理。

阴阳颠倒之理源自《黄帝外经》中的“阴阳颠倒篇”：“岐伯曰：乾坤之道，不外男女，男女之道，不外阴阳，阴阳之道，不外顺逆，顺则生，逆则死也。阴阳之原，即颠倒之术也。世人皆顺生，不知顺之有死；皆逆死，不知逆之有生，故未老先衰矣。”阴阳之道，讲顺逆、生死变化。只知顺生、逆死；不知顺中有死，逆中有生，这就叫不知“颠倒之术”。扩而广之，老子讲的“福兮，祸之所依；祸兮，福之所伏”；儒家讲的“生于忧患，死于安乐"；兵家讲的"置之死地而后生"，等等，都是"阴阳颠倒"之理。

古代说的"阴阳"，涵盖了今天所说的"矛盾"。《易传》中说："一阴一阳之谓道"，事无巨细，物无大小，包括生死、顺逆、进退、升降、成败、祸福等所有事物，都存在于阴阳这种既统一又对立的矛盾变化之中。"阴极而阳，阳极而阴。"古人说："成败之机，间不容发。"张紫阳在《悟真篇》中写道："有人悟此生杀机，转眼之间灾变福。"如果你觉悟不到这种"生杀之机""成败之机"，不会运用"颠倒之术"，那么最终就是"一失足成千古恨"。所以说，不但在太极拳中要讲究"颠倒之术"，做人、做事以至治国安邦，都离不开运用物极必反的"颠倒之理"。

太极分文武三成解[①]

盖言道者，非自修身无由得也。[②]然又分为三乘之修法。乘者，成也。上乘，即大成也；下乘，即小成也；中乘，即诚之者成也[③]。法分三修，成功一也。

文修于内，武修于外。体育内也，武事外也。其修法内外、表里成功集大成，即上乘也。由体育之文而得武事之武，或由武事之武而得体育之文，即中乘也。若唯独知体育之不知武事而成[④]，或专武事不为体育而成者，即小乘也。

注释

① 太极分文武三成解：此篇出于《三十二目》第十九目。

② 盖言道者，非自修身无由得也：盖，发语词，闻，听说之意。道者，得道的人。修身是指修养身心，具体行为表现在日常生活中就是择善而从，博学于文，并约之以礼。此处意指太极拳的习修。两句意为：听说得太极之

道的人，不经过自我修炼是无法成功的。

③ 即诚之者成也：诚，真心实意，如《礼记·中庸》所曰："诚者天之道也，诚之者人之道也。"所谓"诚者自成也"。

④ 若唯独知体育之不知武事而成：《老拳谱》中此句为"然独知体育，不入武事而成者"。

太极轻重浮沈解[①]

双重为病，干[②]于填实，与沈不同也。双沈不为病，自尔腾虚[③]，与重不一[④]也。

双浮为病，祇如漂渺[⑤]，与轻不例[⑥]也。双轻不为病，天然清灵，与浮不等[⑦]也。

半轻半重不为病，偏轻偏重为病。半者，半有着落也，所以不为病。偏者，偏无着落也，所以为病。偏无着落，必失方圆；半有着落，岂出方圆?

半浮半沈为病，失于不及也；偏浮偏沈失于太过也。

半重偏重，滞而不正也；半轻偏轻，灵而不圆也。

半沈偏沈，虚而不正也；半浮偏浮，茫而不圆也。

夫双轻不近于浮，则为轻灵；双沈不近于重，则为离虚，故曰：上手。轻重半有着落，则为平手。除此三者之外，皆为病手。

盖内之虚灵不昧，能治[⑧]于外[⑨]之清明，流行乎肢体也。若不穷研轻重、浮沈之手，徒劳掘井不及泉之叹耳！

然有方圆四正之手，表里精粗无不到，则已极大成，又何云四隅出方圆矣！所谓方而圆、圆而方，超乎象外，得其寰中之上手也。

注释

①太极轻重浮沈解：此篇出于《三十二目》第二十二目。本篇中之“沈”，《老拳谱》中作“沉”，两字同为“下落”之意。

② 干：为“失”之误。原书上有笔记改为“乖”，亦不通。

③ 腾虚：腾，跳跃奔腾。虚，虚空。

④ 一：《老拳谱》作“易”。

⑤ 衹如漂渺：衹，疑为“祇”之误。祇，“只”的繁体字。漂渺，同“缥缈”，隐隐约约，若有若无之状。

⑥ 与轻不例：例，依据。意为与轻的概念是不一样的。

⑦ 与浮不等：与轻浮也不能等同而言。

⑧ 治：《老拳谱》作“致”。

⑨ 外：《老拳谱》作“外气”。

太极血气根本解①

血为营，气为卫②。血流行于肉、膜③、胳④，气流行于骨、筋⑤、脉⑥。筋⑦为骨之余，发、毛为血之余。血旺则发、毛盛，气足则筋壮。故血气之勇力，出于骨、毛、皮之外壮；气血之体用，出于肉、筋之内壮。气以血之盈虚，血以气之消长。消长盈虚，周而复始，终身用之不能尽者矣！

注释

① 太极血气根本解：此篇出于《三十二目》第二十六目。

② 血为营，气为卫：营，此处不作营气解。血为军营，气为护卫，如《灵枢·本脏篇》所云：“人之血气精神者，所以奉生而周于性命者也。”

③ 膜：皮肉、筋骨、脏腑间的膜状组织，如《素问·举痛论》有曰："脾与胃有膜相连耳。"

④ 胳：《老拳谱》亦作"胳"，同为"络"之误。络，中医指人体内气血运行通路的旁支或小支。

⑤ 筋："筋"这个词，不是现代解剖学中独立的一类术语概念。中医认为的"筋"实际上包括了现代医学的肌肉、肌腱、韧带、筋膜、腱鞘、滑囊、关节囊、神经和血管，甚至关节软骨、关节盂缘等，如《灵枢·九针十二原》所曰："皮、肉、筋、脉，各有所处。"

⑥ 脉：表示身体里的一种支脉，本义指血管，中医里表示人体气血运行的管道，如《黄帝内经》中有"骨为干、脉为营、筋为刚、肉为墙"之说。

⑦ 筋：《老拳谱》作"筋甲"。本节其后二处"筋"字亦同此。

太极尺寸分毫解[①]

功夫先练开展，后炼紧凑。开展成而得之，才讲紧凑；紧凑得成，才讲尺、寸、分、毫。

由尺进之功成，而后能寸进、分进、毫进[②]。此所谓尺、寸、分、毫之理也。

明矣。然尺必十寸，寸必十分，分必十毫，其数在焉！故云：对待者，数也。知其数，则能得尺寸分毫也。要知其数，必秘授，而能量之[③]。分毫内即有点穴功也。

注释

① 太极尺寸分毫解：此篇出于《三十二目》第二十八目。

② 由尺进之功成，而后能寸进、分进、毫进：进，入，走入（一个阶

段或一种境界）。句中四个“进”字，《老拳谱》作“住”。住，动词补语，表示动作在某一状态呈稳定状。

③ 而能量之：《老拳谱》作“而能量之者哉”。句尾“分毫内即有点穴功也”之句，应为董英杰所注，《老拳谱》无。

太极枪

太极枪得传历史序

张真人三峰祖师，修道武当山，静时打座[①]练神归元，动则云游三山五岳。真人每日早时，至山顶极静处，采取天地之精华灵气，呼吸运用。有一日，真人忽见西方接云，山灵霄峰，金光万道，瑞气千条，缠绕飞舞太虚，真人遂往视不见，遂落金光处寻找。有青溪洞，至洞口，内出两条金蛇闪目来奔，真人将拂尘[②]一拂，金光遂落，视之，原来是二根长条枪，约长七尺五寸，像藤非藤，似木非木，其性刀剑不可伤，绵硬如意，内生宝光。进内细寻有书一卷，题曰：“太极粘黏枪，有缘传世上，得了书中理，奥妙去推详。”书中言辞皆诗词歌赋，枪理奥妙，大概吾人不得而知，张祖师将字字拆开详明，化为一式一式，人人均可从事习学。

太极粘黏十三枪、四散枪、粘黏四枪、掷捽抢四枪、缠枪一路。二人对练法。每式使用要法。

每枪变化若干式，后面皆一一详明单练法。真人以为留传世人，永久受用云。

注释

① 打座：座，为“坐”之误。打坐是一种养生健身法。闭目盘膝而坐，调整气息出入，手放在一定位置上，不想任何事情。打坐又叫“盘坐”“静坐”，是道教中的一种基本修炼方式。在佛教中叫“禅坐”或“禅定”，是佛教禅宗之必修。

② 拂尘：又称尘拂、拂子、尘尾，是一种于手柄前端附上兽毛（如马尾）或丝状麻布的器物，一般用作扫除尘迹或驱赶蚊蝇之用。在道教文化中，拂尘是道士常用的器物，一些武术流派更以之为一种武器。

按：“太极粘黏十三枪”提法似应商榷，应该为“太极十三枪”，除“粘黏四枪”之外，另外九枪并非“粘黏”枪法。

太极十三枪，又称“太极枪”或“十三枪”。此处“太极十三枪”为“太极扎杆”的“杆”之技法。“十三”为十三杆法字诀：开、合、发、崩、劈、点、扎、拨、撩、缠、带、滑、截。杨家所传太极扎杆十三法无习练套路，其杆技要领与武家十三杆基本一致。枪，去掉枪头、枪缨即为“杆”。至于由“枪”而“杆”之演变，有说健侯之母恐怕健侯在教授习练中误伤及人，而命拔去枪头所为。其实，清廷如各代政权一样，对民间习武多有禁忌，枪为武器，在禁习之列。杨禄禅、武禹襄等前辈为避枪为武器之嫌，而弃用枪头，易“枪”为“杆”，为之沿袭。杆法沿用了枪法之基本技法，突出“粘连黏随”“不丢不顶”的特色，成为太极拳独有的对练器械。武禹襄、杨班侯、杨健侯、郝为真等前辈多以杆法名世。

《太极拳释义》中总结十三枪为：

第一枪刺心、第二枪刺腿、第三枪刺膊、第四枪刺喉（以上为粘黏四枪）。

第一枪刺心、第二枪刺膀、第三枪刺足、第四枪刺面（以上为四散枪，总上八枪为体）。

第一枪採枪、第二枪挒枪、第三枪扔枪、第四枪铲枪（以上四枪为用）。第十三枪为缠枪（即如司令，万法可用）。

太极散枪名称

第一枪　怪蟒钻窝

第二枪　仙鹤摇头

第三枪　鹞子擒雀

第四枪　燕子穿帘

太极散枪解

第一枪　分心就刺似怪蟒

第二枪　仙鹤摇头斜刺膀

第三枪　鹞子捕雀刺足式

第四枪　飞燕投巢刺面上

第一图说明

甲起式，面向东直立，如“撒网式”。双手提枪，左手在前，右手在后，枪形斜向下左方。对手时，要提起全身精神，虚灵顶劲，气沉丹田，遂将枪双手抬平，以意运气，向敌人心窝刺去，双手伸至将直未直为标准，两足亦然，身向东南斜对。如图是也。

乙初起式，面向西直立，如甲式一样。甲枪来至腹近时，乙遂将枪尖略向西北上方斜起，右足略退半步，枪随身望回抽。

甲　　　　　　　　乙

第一图

第二图说明

甲随乙枪往回抽时，甲同时随乙枪底下绕半个太极圈，直刺乙膀，足同时往前迈步，不可散乱身法。

乙即速往回退步，左榜①往外扭，身法蓄劲，枪尖向西南上方斜直往外拨去，躲过枪锋。如图是也。

甲　　　　　　　　乙

第二图

第三图说明

甲随乙往外拨时，甲枪换式，由上方湾[2]刺乙足。如图是也。

乙随甲刺足时，速将足往回退步，乙枪随甲枪往里拨去，乙枪尖往下斜伸。如图是也。

第三图

第四图说明

甲枪随时返刺乙面[3]，足往前上步，双手一气协助枪力。如图是也。

乙见甲枪刺来，乙步往回退步，身侧蓄劲，双手将枪尖斜立，向上方往回抽劲。如图是也。

以上为散枪，甲刺完四枪，乙然后可上步还击四枪。如甲[4]刺相同，甲换退步；如乙拨法一样，为甲乙连环往复四散枪。

用法日久，枪力敏捷

你枪扎，我枪拉，你枪不动，我枪发。你枪来似箭，我枪拨如电。你枪金鸡乱点头，我枪拨草寻蛇也不善。

甲　　　　　　　　乙

第四图

注释

① 榜：为“膀”之误。

② 湾：为“弯”之误。

③ 甲枪随时返刺乙面：“随”与“时”两字间有漏字，全句应作“甲枪随乙枪往里拨时，返刺乙面”。

④ 甲：为“乙”之误。

粘黏枪第一路说明

初起式。甲面东，乙面西。对立持枪式，与散枪“渔人撒网式”一样。对枪时，与散枪刺法两样。亦得提起精神，此身法虚灵顶轻[①]，枪尖刺去，亦要轻灵敏活。然后设己枪从人枪。换式，我枪缠绕顺式。接接续续[②]第一式，甲提枪进步刺胸部，第一式[③]，乙随提枪粘连靠接甲枪，步[④]乙退一步，乙枪向上斜直，双手持枪，随身[⑤]步望[⑥]后粘黏抽劲。如图是也。

甲　　　　　　　　乙

粘黏枪第一路

注释

① 轻：为“劲”之误。

② 接接续续：“接续”重复，为衍字。接续，为“接……继续”之意。

③ 第一式：此三字衍。

④ 步：此字衍。

⑤ 身：为“撤”之误。

⑥ 望：介词，向，对着，朝着。

按：粘黏枪四路与散枪四法类似，都是以刺为主的双人攻防练习。“粘黏枪第一路说明”文法、遣词过于零乱，意不明晰，译文如下。

初起势，仍设甲面东、乙面西站立，各双手持枪，如散枪起势“渔人撒网式”架势相同。对枪时，要提起精神，身法仍要虚灵顶劲。此枪法与散枪不同，枪尖刺去，轻盈灵活。然后设己枪从人枪。换式，我枪缠绕顺式，接第一式继续，甲先提枪，进步刺乙胸。乙见甲枪刺来，立刻提枪迎甲枪粘连靠接，同时向后撤步，枪随撤步斜直着粘黏抽劲，将甲枪拨开。

粘黏枪第二路说明

甲随乙枪往回抽时，遂上步粘绕绕①，直刺乙腿上②。

乙见甲枪刺来，缩蓄身，退步，乙枪随下连往外领去，枪不离开枪，劲要绵柔，才能粘随，如上图是也。两枪形皆斜下方③。

甲　　　　　　乙

粘黏枪第二路

注释

① 粘绕绕：衍一“绕”字，应作“粘绕”。

② 上：为“部”之误。

③ 斜下方：漏“向”字，应作“斜向下方”。

粘黏枪第三路说明

甲随乙往外领枪时，甲上步，枪上刺膀尖①，刀②要绵软。如图是也。

乙随甲枪不离，退步，绵拨甲枪闪过，枪锋落空③。如图是也。乙枪锋向上。④

甲　　　　乙

粘黏枪第三路

注释

① 刺膀尖：漏“乙”字，应作“刺乙膀尖”。

② 刀：为“枪”之误。

③ 枪锋落空：应作“使之枪锋落空”或“使甲枪锋落空”。

④ 如图……乙枪锋向上：应作“乙枪锋向上。如图是也。”

粘黏枪第四路说明

甲枪自下转里，上步又刺咽喉，枪不离枪直刺。如图是也。

乙随甲枪不离一线，速退步侧身，双手往回，搌劲拨甲枪锋落空。如图是也。

甲　　　　乙

粘黏枪第四路

以上用粘黏刺完，乙随时不离，上步还击四枪，一枪心，二枪腿，三枪膀，四枪咽喉。如甲一样刺法，甲退步如乙一样走法。如前图是也。

太极採枪[1]图说明

初立[2]式。甲乙对立。左足在前，枪斜式。第一式：乙提枪直刺胸部[3]。甲见枪刺来时，速将枪如搌法望下採。身法要合劲，如中，可将乙的枪採落地下，此为採枪。如图是也。

太极採枪图

注释

① 採枪：主要是应付对方“刺胸”的防守反攻之法。

② 立：为“对”之误。

③ 胸部：前漏“甲”字，应作“甲胸部”。

太极捌枪①图说明

乙枪斜刺甲腿。甲随时将枪斜下，左腿往前弓劲，右足用劲蹬直以助两手，两手以助枪劲勇猛，往外捌劲，可将乙枪脱手飞出五六丈远。此为捌枪如图是也。

甲　　　　　乙

太极挒枪图

注释

① 挒枪：主要是应付对方“刺腿”的防守反攻之法。

太极掷枪[1]说明

乙枪直刺甲膀。甲枪招起靠接乙枪前手近处，身法往外托劲，两足蹬劲，双手向身前望外斜向上掷摔出去，可以连人带枪掷出丈余。此非身手一家、气能鼓荡、劲如涌泉，才可做到如图是也。

注释

① 掷枪：主要是应付对方“刺肩”的防守反攻之法。

甲　　乙

太极掷枪

太极铲枪①说明

乙枪直刺甲咽喉，甲遂将身略斜，双手掤枪，向身前上方铲掷，眼望上看，仰之弥高，亦要两足蹬劲，可以将乙掷出往后退十几步外。人重有百斤，如何能掷出丈余？此非邪道迷信，功久自知，人人皆可练到，方信非说谎言也。

甲　　乙

太极铲枪

此四枪皆二人对手单练使用的要法子。甲乙无论先后，皆可一式一式单练，各不相连。以十二枪叙完，又有一路缠枪。

注释

① 铲枪：主要是应付对方“刺喉”的防守反攻之法。

太极左右缠枪法

太极缠枪一路[①]说明

此枪更有轻灵奥妙，内有千变万化，总归一理，为缠枪。外人看至一路式[②]。不知里藏八卦，内含五行。散枪内可用，粘黏枪亦可用，掷枪亦可用。知八卦五行十三枪，天盘地盘内里藏。练法要自然，用法要轻灵。舍己从人能粘连，进退上下相贯串，不丢不离。缠绕之法如长江，目视旷野天无涯，腹内松淨如大海。手足相随能进退，腰如车轴气能荡。含胸拔背身内藏，以气会意枪刚强。至柔又至刚，同志细思详[③]。

如枪以意运气练法，功久枪杆上如有电力相似。与敌相接，便知来意。不丢不顶，粘连走化，神妙至矣。

乙　　　　　　甲

乙为缠枪图

甲　　　　　　乙

乙用缠枪图

注释

① 缠枪一路：取粘、黏、连、随之意，以不丢不离、轻灵缠绕为用，为千变万化之总理。

② 外人看至一路式：至，为“来只”之误，全句应作“外人看来只一

路式”。

③同志细思详：《太极拳释义》有曰：“……太极拳成功，各项兵器顺心所欲。持兵器，接长两手而已，其挑、拨、刺、砍、削、拖之劲，完全以打拳所得之内劲用之。其招架之灵感，亦在拳内求之。功夫纯熟，可生千百眼、千百手。此非言大而夸也，读者贯通后，当知所言非虚。”

祖师杨禄禅轶事

祖师杨儒[①]禅师，自得秘传。心性和平，为人忠厚，家有余资，与朋友疏财仗义。有一日，某姓朋友，求杨老师借用银洋一百元以为度用，明年奉还。儒禅师故意戏曰：“如借我钱自得一许，你可双手握我枪，将你挑上瓦房，你如占足不稳，你借无效。”某乃许，如法作去。祖师以意运气将枪一抖，某姓起上瓦房。心内惊痴，立如木人，身形前俯式。祖师笑为扶梯，某姓遂下，曰：“其惊不少。”祖师笑曰：“故与戏耳。”遂付洋一百元，其人欢喜而去。

注释

①儒：为“禄”之误。后同，不另注。

杨健侯太师轶事

昔西安有达官季四者，嗜[①]技击而好学。闻杨氏得武当秘传，至京延先生[②]馆其家。从学月余，略窥拳法枪剑连用之妙，时以“静胜柔克”之说为谈，助先生之名因以益。著时，秦有王大力者，号红店客，能举五百斤，日行三百里，善大刀，好大枪，艺冠秦中，授徒五百余。闻季之言意不信也，走求与先生较，先生谢曰："王教师苦功积久，吾不如也。"王以先生为怯，固请之，且曰："太极拳则久闻之矣，太极枪亦可用乎?"先生不获[③]，已笑颔[④]之，乃俱取枪入院。王则力刺先生胸，先生侧身搬之，王扣枪便按，仍蹈虚[⑤]。王抽枪回，先生乃乘其回势，用铲枪式震之。王不觉，己枪直如炷香，自伤其颜，仰跌六七步外。起谢曰："今而后知先生之神力也。"尽弃其学而学焉，久而不怠。遇高明能学不娽[⑥]，王亦不愧为豪杰矣。

注释

① 嗜：喜欢、爱好。

② 先生：即杨健侯。

③ 获：可能为"蕴"之误，据上下句意，实当为"愠"。

④ 颔：点头、颔首。

⑤ 仍蹈虚：句前漏主语"先生"，应作"先生仍蹈虚"。蹈：踩、踏。《尚书·君牙》："心之忧危，若蹈虎尾。"

⑥ 娽："嫉"的异体字。

单人用功法

同志好武，实符讲求体育，适合卫生之旨。练习工夫[①]，宜每早晨日将出时，寻清淨地点，可得新鲜空气，将浊气[②]放出。然静心息虑[③]，双手持枪，东、西、南、北均可。左手在前，右手在后。两足骑马式。

第一式：右手以意会气，将枪直捌[4]向前斜上方，前足作弓式。右腿直线，足根不可欠起。

第二式：将枪合劲抽回，往下扣。身法往下坐，提顶、悬脂，为太极之练劲。右手可以练二百式，然后换式，左手亦可练二百式。左右之力可以平均身体一样发达。

又一练法

可以找一茂盛树林内，每天练一次。练法：骑马式，双手持枪，粘靠树上，直去一百式，亦可上下刷劲一百式。左右皆可练习，不可用钢[5]劲，可用粘劲，工久树枝可以摇动。

注 释

① 工夫：同“功夫”，泛指花费时间和精力后所获得的某方面的造诣本领。语出晋·葛洪《抱朴子·遐览》：“艺文不贵，徒消工夫。”

② 浊气：此处意为“污浊之气”，如排出的矢气，呼出的废气。

③ 息虑：消除杂念，如唐·吕岩《沁园春》词：“不在劳神，不须苦行，息虑忘机合自然。”

④ 捌：扎、刺。

⑤ 钢：为“刚”之误。

单练、对练用功纯熟，又变化各种秘法：

有三转九花金鸡乱点头（身前后合劲）

遇敌必胜回马枪（败中取胜）

八步赶船追命连环枪（足尖点地）

拨草寻蛇枪（两膀左右分劲）

纷纷瑞雪梨花枪（练此不易）

蛟龙摆尾扫地枪（左腿腕）

太上压顶枪（此枪自上而下）

圆转如意枪（从心所欲）

十三枪外变出八枪，用功日久自得之。

自上古三皇治世，历代用武莫不以枪为先，故枪为长兵刃之祖，剑为短兵刃之祖。练剑不可不学枪，有铜枪、铁枪，自古名称甚多，长短不一，长有一丈余的，八九尺的，惟太极枪长七尺五寸，今同志用七尺亦可。枪法忽上、忽下、忽收、忽放。出去如箭，收回如线。真有神出鬼没之奇，仙人难测之妙。如枪活活泼泼，柔如长蛇飞舞时，能如梨花雪片纷飞，真我国国粹世传之秘宝也。

枪分採、靠、去、擫、掷。

杂说

有人欲学拳，问我："内功拳好？外功拳好？"我说："自古武圣人所传之拳皆好，全在得传与否耳。"

又问曰："武当拳好？少林拳好？"我说："你愿学武当练太极拳可也，你愿学少林拳练少林拳可也，随各人所好而学可也。"

有人问："太极拳几年学好？"我说："同志练拳，不可以共论也。老师傅传拳一样传法，各人性情不同，有一两年学好的，有三五月学通的，亦有十年，二十年，不明白的。好拳不在身之高低，又不在年岁之大小，全在各人聪明耳。我学拳十有五年，常常愿求学两位老师也。①"

杨家传出的太极拳为正宗。

学拳秘法

重拳重老师，真传自得之。轻拳轻老师，毋须枉费力也。

注释

① 我学拳……两位老师也：董英杰生于 1897 年，“年幼读书时，性好武”，曾随师习练“十三势”。1914 年从师杨兆林，1926 年从师杨澄甫，至 1929 年“编述”《太极拳使用法》时，正为期“学拳十有五年”。“两位老师”即为杨兆林与杨澄甫。

禄禅师轶事

禄禅师在京时，有一会点穴拳者，闻名欲较，及试其技。禄禅师速抄其腕用抓筋法[①]，敌手不能伸指，又随上提敌前足离地。师曰：“勿负能[②]，念你多年苦功，不然你骨肉断矣。”其人深敬服。

○王宗岳先师传浙东、河南。浙东早已失传，河南陈家沟后传杨禄禅继，传至今五十年以内，会太极拳者多是杨家传的。又说，永年县岂独杨家耶。虽有好者，亦会授业于杨班侯门下十余年矣。所以练太极拳，无出于杨老师右者也。

昔北京有一练贯脚壮者，踢铁蹶功十二年，与班侯先生较。其人攻击，上使拳打，下用脚踢。班侯先生戏其人，用左右倒撵猴化之。及无退处，班侯侧身，先用高探马以引其双手，复用如封似闭，将敌跌出丈余。其人起曰：“杨先生真神技矣。”

○说太极不能使用，前北京天下英雄所聚处，人称班侯先生为“杨无敌”，如说不能掷人，盖[③]功夫未到耳，勿说太极拳不能用也。

○不要惧牛力，如内功不能胜大力者，何必练拳？千斤落空，无所用矣。

董英杰传拳秘法：练功、操练。

用太极要知：天时、地理、人和

天时法：对敌时，自己早不面东，中不面南，晚不面西，自己不对日光为是。

地理法：对敌先观地形宽窄、高下，自己占底处相宜。

人和法：虽较，要客气，不必失义气。

谨防敌人虚愰④之手。

注释

① 抓筋法：抓筋法是利用五个手指的抓劲，将对手身体某部位肌肉或筋脉抓拿起来，使其产生疼痛或失去反抗能力的一种擒拿技法。

② 勿负能：不要仗恃武艺本事。

③ 盖：作连词，意为因为、由于。

④ 愰：古同“晃”，意为摇动、摆动。

太极分文武

太极能养身，不能打敌，文功也；能打人，不会养身，武功也。（软太极法，方是真太极用法。）能教人养身，又能对敌，修养使用兼全，为文武完全太极。

○练太极有静坐养神法，行动活血法。

○人之强弱，以气血为主。杨老师的拳开展舒畅，最能舒筋活血，身体弱者，练杨老师的拳功效顶大。

○前几十年，人人皆是轻武重文，若将读书有半的功夫，移练武术，当可反弱为强。今国家提倡武术，人人从事体育，心开放了，以后定有不可限量武术[①]，大家从此注重武术了。

○有此太极拳书，即为证书，书皮里可写本人姓名，知是杨传同志。[②]有此书者，杨老师无不尽力指导，一切欢悦教授。

今太极拳各样子甚多，同志难以分清，敬告一法，可知无论何人传的，能柔、能刚、能舒筋活血就对。还有一文武验法，观其两膊皮肤甚软，骨肉甚沉重就对，为文知法。论使用法，能用太极方法，姿式不乱，从从容容将人跌出就对，为武知法。若用力乱打，虽胜为侥幸，定非真传，不足为法。同志容易辨认太极也。

太极拳有分筋挫骨之手、有点血[③]之手，有阴手、有阳手、有五行手、有入骨拳、有剥心捶、有服[④]虎肘、有贴山靠、有鸳鸯腿、有刀掌剑指、有刁拿手、有隔山打牛之能力。此非真打牛而言，皮肤无痛而内受伤矣。

太极为内家拳，俗称内功拳，拳术门顶利害是内家拳。如同志学成功之后，千万留一分善念，不可轻易用毒手打人，勿负先师遗教[⑤]也。

注释

① 以后定有不可限量武术：意为以后武术发展趋势必定不可限量。

② 有此太极拳书……知是杨传同志：证，此处指凭据，意为凡购买了《太极拳使用法》的，即为凭据，在扉页上签上自己的名字，就知道是喜欢习练杨澄甫太极拳的同道。

③ 血：为“穴”之误。

④ 服：为“伏”之误。

⑤ 先师遗教：即“养生为本，技击为末”之主张。语出《张三丰太极拳论》：“不徒作技艺之末也。”

太极拳术盛行于国中，今之学拳者，莫不以练太极为最高。但所学各人目的不同，有锻练身体者，无论何人教皆可；目的在学使用法，非高明者教不可。

练太极拳能转弱为强，却有反老还童之功。欲拳速成，谨忌烟、酒、色。宜有节，起居定时，各种损身嗜好不可多有。

传拳始自武当、少林两派，至今还是分门别户的。同是少林侍[①]出，分百余派。武当山传出的，至今分派亦不少。若说合一，实所不能作到的。若就太极拳而论，概多数是杨禄禅师以后传下来的，今竟分东派西派，各自赞美，初学人是难分清的，我亦说我的拳好，究竟那[②]个好？理想[③]知道各姿式不同，有说长力的，有说长巧的。无论如何，太极拳理不能两说也。不得真传，不知所以然也。

○学拳之法有二：作朋友年岁相当亦可学拳，拜老师亦可学拳，有恒心皆可学拳成功也。

○拳术教不教，全在学拳人，不在老师，略如言之。近人盛知太极好，有心想学，又恐老师不真传，未入门先惧三分。老师虽欲传，乌何能哉[④]？多学家半途而废，同志只知咎其师不传，不知问其自己不学，以为说老师不传者戒。比仿刘备欲请孔明，未审肯出山否，初请，再请，三请，孔明欲不出，安得能乎[⑤]？以为学者法，愿同志普及太极拳者虑。

○学一种好东西，是要费点精神的。

○看书得到易处，莫讬言己能，[6]勿负作者苦心也。

杨老师传拳很公开的，授人同是一样教法，何以有优劣不等？盖人人性质不同，聪明不同，授法悟通与否不同。盖太极理甚深，非一日能懂，升阶有级，老师授法，一叠一叠[7]来的，若未学到奥妙，半途而废，若说老师不真传，诚为谬说。日浅功浅，就说出金石之言，亦不懂的，慢慢继续进学，莫有不教之理也。

杨老师有一日行乐，演使用法。与人王保还[8]搭手，用按法，将其人跌出三丈余外，真有奇观。老师之使用法，与敌人搭人，敌人足下如无根，即站立不定。看杨老师面貌极从容，手足极轻灵，只以抬手，敌跌出如射箭之速。杨老师的拳真妙极了，人人莫不敬服。

注释

① 侍：为“寺”之误。

② 那：为“哪”之误。

③ 理想：此处用“美好愿望”的状态来理解。理，整理,使之有条理。想，思索，为梳理、思考之意。

④ 乌何能哉：乌，作文言疑问词，哪、何、怎么。哉，作文言语气助词，吗、呢。

⑤ 安得能乎：安得，其意是怎么才能求得，哪里能够得到。乎，文言助词，表示疑问。四字意为：怎么能够得到呀？

⑥ 看书得到易处，莫讬言己能：“讬言”同“托言”。两句意为：看《太

极拳使用法》时，看到容易理解之处，就以为自己已经具备拳术之能力了。

⑦ 一叠一叠：叠，意为重复、累积，此处疑为误用。

⑧ 王保还：杨澄甫传弟子，见本书“张三丰先师传拳谱”。履历不详。

太极本为内家拳，如姿式正确，内理明白，即是太极拳。如姿式不正确，内理不明白，虽姿式类太极，与外家拳无异也。

自古之拳，定不传得宝，①忘师之人，日后能不忘师傅，定得真传，可无疑焉。

○练太极拳，学使用法为必要。同志欲锻练身体者，亦必学使用法，如不学使用法，无趣味，多有半途而废者，以致有阻身体强壮进步。如学会使用法，并非无故打人，可与朋友研究妙理，你打我化，我打你应，滔滔不绝，各种变化，生生不已。知道太极拳有无数变化，手舞足蹈之乐，日日幸②趣增加，继续不忘之乐，年年练习，身体由此而强壮。练身必学使用法，而况有心对敌乎？所以同志练太极拳，必定学使用法可也。

○练太极拳提倡武术

○练太极拳转弱为强

○练太极拳发育体格

○练太极拳多活十年

○此书前十三式，七十八个姿式，九十四个练法图。同志初学拳，按图能以学拳，学会就懂的用法，此书好极了。

○此书后三十七图，皆二人对敌实习法。

○同志练拳，无论武当、少林，成功后切不可目中无人，妄自高傲，常言人外有人，天外有天，能人背后有能人，理之当然也。

注释

① 此处逗号为衍。

② 幸：为“兴”之误。

自古拳术一门不以钱财为重，要以义气当先。与老师三五百元亦可，不与老师一文钱，老师一样喜欢的，朋友之情始终如一。

三人同行，必有我师；[①]十室之邑，必有忠信。[②]学太极同志，皆我师也，朋友讲论，全在自悟。有说一力强十会（有礼），我说一巧破千斤（不错）。[③]

原谱与解说分布书内，似乎次序紊乱，此次作书均分放在相当地点，学拳同志得意[④]处岂浅鲜哉，讲义在前后，原不可拘也。

盖闻欲得非常之宝者，必有非常之功用；求非常之功用，必有非常能识之人指导之。[⑤]昔有赵璧，无和氏不能知其宝。虽有千里马，无伯乐诚难知其奇。天地之大，珍宝繁多，视物不能及师旷之聪，可不惜哉？[⑥]欲求宝者，至在目前，犹恐不视耳。[⑦]譬学体育者不学我国宝，化数千金而赴欧美者，岂不舍近求远？然而不知国宝，勿怪之哉。余今为强国计，今为同志习体育计，欲得国宝，敬告诸君习太极拳是也。练太极拳身体与精神平均发大[⑧]，延年益寿，百功廙焉。而且防身又能对敌，此拳益处，笔难尽述，练后自得之。太极拳可称非常之宝，非他拳之可共论也，愿同志谅之。

注释

① 三人同行，必有我师：如三人同道，其中必有身怀长处的人可以作为我老师。语出《论语·述而》：“三人行，必有吾师焉。择其善者而从之，其不善者而改之。”

② 十室之邑，必有忠信：有十户人家的地方，就一定有忠诚信实的人。指处处都有贤人。语出《论语·公冶长》：“十室之邑，必有忠信如丘者焉，不如丘之好学也。”

③ 有说一力强十会（有礼），我说一巧破千斤（不错）：一力，一个力气大的人。强，为“降”“制服”之意。十会，会家，十个懂武艺的人。意思是：一个力气大的人，可以战胜十个会武艺的人。语出清·石玉昆《三侠五义》第五十回：“韩爷技艺虽强，吃亏了力软；雷洪的本领不济，便宜力大，所谓：一力降十会。”一巧破千斤，语出不详，意同“以柔克刚”“四两拨千斤”。

④ 意：为“益”之误。

⑤ 盖闻欲得非常之宝者……必有非常能识之人指导之：听说希望得到不同寻常的宝贝，必定有不同寻常的功用；得到不同寻常的功用，一定要有不同寻常的有识之士来指点引导。

⑥ 视物不能及师旷之聪，可不惜哉：可不，为“不可”之误。两句意为：看东西不能看到老师旷达的聪睿，不可惜了？

⑦ 欲求宝者……犹恐不视耳：希望得到宝贝的人，就是宝贝放在眼前，恐怕也认不出来。

⑧ 发大：为臆造词，疑为“增进”之误。

著　者：杨澄甫

编述者：董英杰

发行者：神州国光社

印刷者：文光印务馆

定　价：实洋三元

中华民国二十年一月初版

新书预告

武学名家典籍丛书

孙禄堂武学集注

（形意拳学　八卦拳学　太极拳学　八卦剑学　拳意述真）

孙禄堂　著　　孙婉容　校注　　定价：288 元

杨澄甫武学辑注

（太极拳使用法　太极拳体用全书）

杨澄甫　著　　邵奇青　校注　　定价：178 元

陈微明武学辑注

（太极拳术　太极剑　太极答问）

陈微明　著　　二水居士　校注　　定价：218 元

（第一辑）

李存义武学辑注

（岳氏意拳五行精义　岳氏意拳十二形精义　三十六剑谱）

李存义　著　　阎伯群　李洪钟　校注　　定价：258 元

张占魁形意武术教科书

张占魁　著　　吴占良　校注

薛颠武学辑注

（形意拳术讲义上编　形意拳术讲义下编　象形拳法真诠　灵空禅师点穴秘诀）

薛 颠　著　　王银辉　校注　　　　　　　　　　定价：348 元

（第二辑）

陈鑫陈氏太极拳图说（配光盘）

陈 鑫　著　　陈东山　陈晓龙　陈向武　校注

董英杰太极拳释义

董英杰　著　　杨志英　校注

许禹生武学辑注

（太极拳势图解　陈氏太极拳第五路　少林十二式）

许禹生　著　　唐才良　校注

（第三辑）

李剑秋形意拳术

李剑秋　著　　王银辉　校注

刘殿琛形意拳术抉微

刘殿琛　著　　王银辉　校注

靳云亭武学辑注

（形意拳图说　形意拳谱五纲七言论）

靳云亭　著　　王银辉　校注

（第四辑）

武学古籍新注丛书

王宗岳太极拳论

李亦畬　著　　二水居士　校注　　定价：50 元

太极功源流支派论

宋书铭　著　　二水居士　校注　　定价：68 元

太极法说

二水居士　校注　　定价：65 元

（第一辑）

手战之道

赵　晔　沈一贯　唐顺之　何良臣　戚继光　黄百家　黄宗羲　著

王小兵　校注

（第二辑）

百家功夫丛书

张策传杨班侯太极拳108式　（配光盘）

张　喆　著　　韩宝顺　整理　　定价：48 元

河南心意六合拳　（配光盘）

李洳波　李建鹏　著　　定价：79 元

（第一辑）

形意八卦拳

贾保寿　著　　武大伟　整理　　定价：49 元

张鸿庆传形意拳练用法释秘　　邵义会　著

王映海传戴氏心意拳精要　　王映海　口述　　王喜成　主编

戴氏心意拳功理秘技　　王　毅　编著

（第二辑）

华岳心意六合八法拳　　张长信　著

程有龙传震卦八卦掌　　奎恩凤　著

杨振基传太极拳内功心法　　胡贯涛　著

刘晚苍内家功夫及手抄老谱　　刘晚苍　刘光鼎　刘培俊　著

（第三辑）

民间武学藏本丛书

守洞尘技　　崔虎刚　校注

通臂拳　　崔虎刚　校注

心一拳术　　李泰慧　著　　崔虎刚　校注

六合拳谱　　崔虎刚　校注

少林论郭氏八翻拳　　崔虎刚　校注

（第一辑）

心意拳术学　　戴　魁　著　　崔虎刚　校注

武功正宗　　买壮图　著　　崔虎刚　校注

太极纲目　　崔虎刚　校注

神拳拳谱　　崔虎刚　校注

精气神拳书·王堡枪　　崔虎刚　校注

（第二辑）

老谱辨析点评丛书

再读浑元剑经　　马国兴　著

再读王宗岳太极拳论　　马国兴　著

再读杨式老谱　　马国兴　著

再读陈氏老谱　　马国兴　著

（第一辑）

民国武林档案丛书

尚武一代—— 中华武士会健者传　　阎伯群　编著

太极往事　　季培刚　著

（第一辑）

拳道薪传丛书

三爷刘晚苍——刘晚苍武功传习录

刘源正　季培刚　编著　　定价：54 元

慰苍先生金仁霖——太极传心录　　金仁霖　著

习武见闻与体悟　　陈惠良　著

（第一辑）

图书在版编目（CIP）数据

杨澄甫武学辑注——太极拳使用法 / 杨澄甫著；邵奇青校注.—北京：北京科学技术出版社，2016.7（2021.4 重印）
（武学名家典籍丛书）
ISBN 978-7-5304-8396-1

Ⅰ.①太… Ⅱ.①杨… ②邵… Ⅲ.①太极拳 – 基本知识 Ⅳ.①G852.11

中国版本图书馆 CIP 数据核字（2016）第 117744 号

杨澄甫武学辑注——太极拳使用法

作　　者：杨澄甫
校 注 者：邵奇青
策　　划：王跃平　常学刚
责任编辑：于　雷　胡志华
责任校对：贾　荣
责任印制：张　良
封面设计：张永文
版式设计：王跃平
出 版 人：曾庆宇
出版发行：北京科学技术出版社
社　　址：北京西直门南大街 16 号
邮政编码：100035
电话传真：0086-10-66135495（总编室）
0086-10-66113227（发行部）　0086-10-66161952（发行部传真）
电子信箱：bjkj@bjkjpress.com
网　　址：www.bkydw.cn
经　　销：新华书店
印　　刷：保定市中画美凯印刷有限公司
开　　本：787mm × 1092mm　1/16
字　　数：216 千字
印　　张：26
插　　页：4
版　　次：2016 年 7 月第 1 版
印　　次：2021 年 4 月第 4 次印刷
ISBN 978-7-5304-8396-1/G·2459

定　　价：98.00 元